Deus, dinheiro e consciência

Diálogo entre um monge e um executivo

Dados Internacionais de Catalogação na Publicação (CIP)
(Câmara Brasileira do Livro, SP, Brasil)

Grün, Anselm
Deus, dinheiro e consciência : diálogo entre um monge e um executivo / Anselm Grün, Jochen Zeitz ; tradução de Vilmar Schneider. – Petrópolis, RJ : Vozes, 2012.

Título original: Gott, Geld und Gewissen – Mönch und Manager im Gespräch

ISBN 978-85-326-4348-3

1. Administração 2. Consciência 3. Desenvolvimento sustentável 4. Diálogo 5. Dinheiro 6. Economia 7. Espiritualidade 8. Ética 9. Lucro 10. Meio ambiente 11. Proteção ambiental 12. Responsabilidade social 13. Teologia Moral 14. Valores (Ética) I. Zeitz, Jochen. II. Título.

12-02284 CDD-241

Índices para catálogo sistemático:

1. Valores : Ética : Moral cristã 241

ANSELM GRÜN
JOCHEN ZEITZ

DEUS, DINHEIRO E CONSCIÊNCIA

DIÁLOGO ENTRE UM MONGE E UM EXECUTIVO

Tradução de Vilmar Schneider

VOZES

Título do original alemão: *Gott, Geld und Gewissen – Mönch und Manager im Gespräch*

Direitos de publicação em língua portuguesa – Brasil:
2012, Editora Vozes Ltda.
Rua Frei Luís, 100
25689-900 Petrópolis, RJ
Internet: http://www.vozes.com.br
Brasil

Editoração: Maria da Conceição B. de Sousa
Projeto gráfico: WM design
Capa: Felipe Souza | Aspectos

ISBN 978-85-326-4348-3 (edição brasileira)
ISBN 978-3-89680-476-1 (edição alemã)

Editado conforme o novo acordo ortográfico.

Este livro foi composto e impresso pela Editora Vozes Ltda.

Sumário

PREFÁCIO

Querida leitora, querido leitor,

Somos gratos a vocês pela vontade de compartilhar nossas ideias e acompanhar mais uma etapa do nosso intercâmbio recíproco. Como monge e executivo já estamos em diálogo há mais tempo. No princípio desse diálogo, esteve um painel de debate em Nuremberg, há dois anos [2010][*], em que, sentados frente a frente, tivemos de nos confrontar com questões tão difíceis como estas: Valores ainda têm uma chance na economia? Quanto de executivo existe num monge? Quanta bondade um executivo pode se permitir? O que significam para nós o dinheiro e o lucro?

Não conseguimos tratar esses temas naquela oportunidade, mas, de qualquer forma, já foi possível obter uma impressão do ideário de cada um. Desde então, frequentemente nos encontramos pessoalmente, trocamos mensagens por e-mail ou escrevemos no blog na internet sobre questões atuais. Assim, com o passar do tempo, se desenvolveu um contato interessante e instrutivo, marcado pelo respeito e pela busca por compreensão mútua.

---

* As datas entre colchetes reportam ao ano de publicação original da obra.

Antes do nosso primeiro encontro já tínhamos uma impressão um do outro, mediada pelos meios de comunicação e pelo seu interesse por situações e pessoas incomuns.

De um lado, está Anselm Grün, monge beneditino da Abadia de Münsterschwarzach, em Würzburg, autor de inúmeros livros sobre o tema espiritualidade e autoajuda; um religioso ilustre que como ecônomo monástico é responsável pelo desenvolvimento econômico e pelas finanças de uma comunidade de 300 monges e empregados, da qual fazem parte, além de 20 empreendimentos econômicos, também muitos hectares de terras agrícolas, campos e matas.

De outro lado, está Jochen Zeitz, "cosmopolita" e, há 17 anos [2010], diretor-geral da Puma, empresa de artigos esportivos registrada na bolsa de valores, cuja matriz está localizada na cidade francônia de Herzogenaurauch em Nuremberg, portanto a exatamente 70km do Mosteiro de Münsterschwarzach.

A marca Puma está representada globalmente, tem mais de 9.000 funcionários diretos e dá trabalho a mais de 150.000 pessoas somente nas empresas que fabricam os produtos Puma. O conglomerado tem um faturamento anual de aproximadamente 2,5 bilhões de euros.

Temos consciência de que as missões e os objetivos das nossas organizações são fundamentalmente distintos. Mas como pessoas – e autores literários – mais questões nos unem que nos separam. Ambos queremos proteger o ambiente, melhorar a sociedade e atuar de modo sustentável, não só no interior de nossas "empresas", mas também para além delas. Como executivos temos de aprender a administrar, sem provocar danos ao ser humano e ao ambiente. Como pessoas espirituais buscamos caminhos que levam a nós mesmos e a uma maior comunhão, sem perder de vista uma boa administração.

Não só conversamos um com o outro, mas também trocamos de papéis e cada um se colocou no mundo do outro: O executivo esteve no mosteiro na condição de monge temporário, onde pôde encontrar tranquilidade e considerar seu mundo de uma outra perspectiva – e onde muitas coisas se relativizaram. Por outro lado, com suas visitas à matriz do conglomerado e por meio da participação em conferências, o monge ampliou seu ponto de vista sobre uma empresa "virtual" como a Puma e sobre um veloz e eletronicamente interligado mundo de objetivos e números.

Continuamos o intercâmbio, pois pretendemos sobretudo uma coisa: Melhorar a nós mesmos e ao nosso ambiente, cada qual dentro das suas possibilidades, diariamente. Desejamos muito que o maior número possível de leitores deste livro tenham o mesmo propósito.

Anselm Grün

Jochen Zeitz

1
SUSTENTABILIDADE
DO SER HUMANO E DO DINOSSAURO

HÁ 150 MILHÕES DE ANOS! Daqui a 150 milhões de anos! Em minha mente, comparei esses inconcebíveis lapsos de tempo ao visitar recentemente o museu de história natural em Londres. Uma placa ao lado do esqueleto de dinossauro ali exposto explicava aos visitantes que esta espécie fora extinta há cerca de 150 milhões de anos.

Pergunto-me se daqui a 150 milhões de anos ainda haverá espécies vivas e o que elas dirão a nosso respeito. Com base nas evidências da nossa existência, o que elas irão "pensar" – ou seja lá como será descrita nessa época uma consciência muito mais desenvolvida. Elas se perguntam como desapareceram muitas espécies ainda conhecidas no século XXI? É possível que nós mesmos estejamos entre as espécies extintas? As formas de vida inteligente do futuro – que, neste caso, sem dúvida serão altamente desenvolvidas – se parecem conosco, ainda que apenas no aspecto genético? Ou se assemelham à geração que, por fim, recuperou o juízo e ainda conseguiu mudar o rumo dos acontecimentos?

É claro que as respostas para essas perguntas dependem também das medidas tomadas pela geração atual. Depende de como reagirmos na segunda década do século XXI aos dados alarmantes provenientes da primeira década. Visualizemos os seguintes dados. Eles provêm do documentário *Home*, um filme de *Yann Artus Bertrand*, dedicado ao Planeta Terra e aos seus habitantes no ano de 2009. O filme foi possível graças ao financiamento do conglomerado francês PPR, ao qual também a Puma pertence majoritariamente, e até agora já foi visto por aproximadamente 200 milhões de espectadores em todo o mundo.

- 20% da população humana consomem 80% dos seus recursos.
- O mundo gasta doze vezes mais dinheiro com fins militares do que com ajuda ao desenvolvimento.
- Diariamente morrem 5.000 pessoas pelo consumo de água contaminada.
- Um bilhão de pessoas não têm acesso à água potável limpa.
- Um bilhão de pessoas passam fome.
- 40% da terra agricultável estão degradadas a longo prazo.
- Todo ano desaparecem 13 milhões de hectares de florestas.

- Um em cada quatro mamíferos, uma em cada oito aves e um em cada três anfíbios estão ameaçados de extinção.
- A extinção das espécies ocorre hoje a uma velocidade mil vezes maior que a decorrente apenas da evolução natural.
- Três quartos das áreas de pesca estão exauridas, foram exploradas até o fim ou diminuem dramaticamente.
- As calotas polares estão 40% mais finas que há apenas 40 anos.
- O número de pessoas que têm de abandonar seu espaço vital por causa das mudanças climáticas poderia elevar-se a pelo menos 200 milhões até 2050.

São apenas alguns poucos indicadores, com base nos quais formas de vida futuras poderiam indagar: "Por que eles não tomaram medidas para evitar seu suicídio iminente?"

Pode-se presumir que os dinossauros não puderam impedir e tampouco prever sua própria extinção. Por outro lado, as formas de vida futuras teriam de concluir que a espécie humana havia coletado e publicado dados como os acima apresentados – e, apesar disso, não fez, a tempo, alguma coisa contra a própria destruição.

Se um observador de uma galáxia distante estudasse a humanidade, será que não se perguntaria: Por que ela não consegue deter a exploração do planeta que a ameaça mortalmente? É verdade que a pergunta é difícil de responder, mas talvez Ed Hume, em seu teledrama sobre a guerra atômica, intitulado *O dia seguinte*, dê uma resposta: Muitos vivem simplesmente como se não quisessem admitir o que já acontece. Talvez nós, seres humanos, também em princípio não estejamos bem preparados para a morte. Muitas vezes, pensamos na vida possível após a morte somente quando esta é iminente ou quando somos confrontados repentinamente com ela no nosso mais estreito círculo de familiares ou de amigos. Somente então telefonamos para nossos parentes, lembramo-nos de nossas raízes religiosas ou escrevemos um testamento. Como disse claramente o economista John Stuart Mill, gostamos muito mais de sentir prazer do que de sentir dor. Também o cineasta Woody Allen constatou: "Prefiro qualquer outro funeral ao meu próprio".

Apesar disso, nós seres humanos sabemos que a nossa civilização está em perigo. Explosão demográfica, efeito estufa, buracos na camada de ozônio, desníveis econômicos Norte/Sul, escassez de alimentos no plano regional, guerras, exploração dos recursos naturais e o grave dano à ecosfera são sinais de que a humanidade está seriamente debilitada.

Ironicamente, a espécie humana – tão entusiasticamente ocupada em coletar dados – conhece muito bem os perigos. Esperar – porque os cientistas e os grupos de *lobby* discutem prognósticos, dados e suas interpretações – seria um grande erro. Os especialistas jamais chegarão a um consenso. Nosso ambiente está em perigo, e agora é a hora de agir. Sempre surgirão novos conhecimentos aos quais teremos de ajustar nossa ação. Na administração se trabalha conforme o método *trial and error*, tentativa e erro.

Devemos adotá-lo responsavelmente também na proteção ambiental, caso ali alguma coisa deva mudar para melhor. Importante é, em geral, fazer alguma coisa e dar ênfase aos casos em que já se alcançaram resultados positivos.

Seja qual for o motivo para não nos dedicarmos com a máxima prioridade ao mais decisivo de todos os temas, pelo menos no tempo mais recente houve uma onda de anamneses, isto é, um despertar de memórias esquecidas. Um despertar desse tipo é a consciência do conceito de sustentabilidade: Muitas pessoas, lideranças ambientalistas e empresariais constataram que devem manter, ou seja, ampliar novamente o acervo dos valiosos recursos e das conquistas sociais.

Com o olhar de volta para frente

A sustentabilidade é qualificada como um novo paradigma – tão novo que hoje a maioria das empresas no mundo continua a agir de modo oposto a ele. Além disso, ainda se discute muito sobre o que esse termo de fato significa.

O conceito "sustentabilidade" pode ser aplicado às mais distintas esferas da vida, por exemplo, às esferas econômica, social, ambiental e inclusive política. Sempre ele significa a exigência de um agir humano voltado à conservação de longo prazo, isto é, à existência no futuro, não à fugacidade. Quando recentemente se discute cada vez mais sobre esse conceito, a demanda por sustentabilidade diz respeito, em primeira linha, ao âmbito ecológico, com o objetivo de conservar a natureza e o ambiente para as futuras gerações.

Para mim pessoalmente, o que está em jogo no tema sustentabilidade nos âmbitos econômico, ecológico e social não é poder fazer sem restrições o que fazemos. Creio que sustentabilidade significa, antes, realizar algo de uma maneira que tenha o objetivo de fazer o mundo parecer melhor que antes.

Na realidade, o conceito de sustentabilidade também é, no entanto, um retorno à consciência de povos antigos e grupos indígenas da América do Norte e de outras regiões da terra que hoje designam a si mesmos de *First Nations*. Segundo o chefe Oren Lyons, da tribo de Onondaga, no estado de Nova York, por exemplo, era comum que tribos como a dele refletissem sobre o impacto de qualquer decisão tomada por eles sobre as próximas quatro gerações de seus descendentes. Do mesmo modo, eles se perguntavam quais os impactos dessas decisões sobre o todo ecológico maior. Para eles, a sustentabilidade não era uma alternativa, mas simplesmente o modo de funcionamento da natureza. A natureza inteira está projetada eternamente – o que morre volta a terra e se torna parte da criação futura. As folhas brotam, crescem, mudam de cor, caem sobre a terra, fertilizam o solo e depois se tornam parte dos próximos ciclos da vegetação. Somente a humanidade tardia produz objetos que impedem a evolução natural, porque contaminam as matérias naturais primárias – água, ar e terra –, consomem os recursos e não se decompõem em harmonia com os ciclos da vida.

O conhecimento de que não estamos mais em harmonia com os processos orgânicos levou à criação de muitos movimentos, como, por exemplo, o movimento de proteção à natureza, o movimento de proteção ao ambiente e o mencionado movimento pela sustentabilidade. Muitos adotaram a sabedoria dos povos antigos, como a dos nativos americanos.

Afortunadamente, nas antigas civilizações existiam profetas que nos lembraram que na vida todas as coisas estão interligadas. Na sociedade ocidental, os transcendentalistas Ralph Waldo e Henry David Thoreau escreveram, no século XIX, incansavelmente, sobre o significado da ordem natural. O universalista John Muir observou: "Quando se puxa numa ponta qualquer da natureza se constata que ela está ligada a todas as outras coisas que existem no mundo". E, por ocasião do 150º aniversário da morte do naturalista Alexander von Humboldt, em abril de 2009, *The African Times* escreveu: "Como cientista e pesquisador, ele foi o primeiro autor (do mundo ocidental, observação do autor) que percebeu o mundo como um todo: Ele descobriu que todos os aspectos do mundo estão interligados e que a ecologia e a sustentabilidade são os temas fundamentais para a sobrevivência do nosso mundo moderno".

Muitos outros – de Jan C. Smuts, na África do Sul, o autor de *Holismus und Evolution* (Holismo e evolução), até Sir James Lovelock, na Inglaterra, o criador da Teoria de Gaia – apontaram para o significado de um modo de pensar holístico e até mesmo expressaram a opinião de que a própria terra seria viva. Sustentabilidade é a tentativa de restabelecer uma harmonia entre a humanidade e seu ambiente, o que os profetas científicos e os líderes dos povos nativos já reivindicam há muito tempo.

O norte-americano Paul Hawken, autor de *best-sellers*, homenageou William McDonough, o arquiteto e *designer* que, em 1991, quando estava na rotunda do memorial a Jefferson, exigiu uma nova declaração: não uma nova declaração de independência, mas uma declaração das dependências recíprocas. Assim como já fizera o Presidente Henry Wallace, também McDonough enfatizou que uma declaração das dependências recíprocas poderia ensinar e orientar os cidadãos a criar uma nação, uma região e uma comunidade mundial melhores. Hawken observa que também a independência econômica e a coexistência de seus desenvolvimentos devem ser substituídas pela consciência de que todos os elementos da economia, do ambiente e da sociedade se influenciam mutuamente. Segundo ele, o desenvolvimento sustentável engloba também o desenvolvimento econômico e social; ele leva em consideração os efeitos do progresso econômico sobre a natureza e a sociedade.

Paul Hawken, William McDonough e Henry Wallace não estão sozinhos com seu conceito de dependências recíprocas. Textos religiosos antigos se referem à "unidade de toda a vida"; pensadores medievais, como John de Salisbury, pensaram segundo modelos de uma "grande corrente do ser". Neles todas as partes da sociedade operam conjuntamente num sistema integral, como os órgãos de um corpo humano.

Visões modernas dessa dependência recíproca são oferecidas pela Teoria de Gaia de Sir James Lovelock, segundo a qual a terra é concebida como um ser vivo, e pela concepção de Pierre Teilhard de Chardin, que presume que o mundo unido supera as nações singulares e, assim, surge uma esfera própria da consciência humana e desenvolvida.

O livro de Peter Russel, *The Global Brain*, Marshall McLuhan com seu *slogan* da "aldeia global" e o conceito da "espaçonave terra" de autoria de Buckminster Fuller são metáforas do processo orgânico e indivisível em que a terra e seus habitantes funcionam. Até mesmo filósofos – que, a exemplo de Isócrates, ensinaram há mais de 2.300 anos ou ainda hoje são tão conhecidos, como Immanuel Kant – compararam a cooperação social e os processos globais com o funcionamento do corpo humano. John Waskom, cientista da Nasa, Hans Jenny, especialista em cimática, o filósofo David Brown e o escritor Lawrence Blair são apenas alguns entre os vários pesquisadores que descobriram modelos orgânicos nas diversas formas de vida, tanto no plano micro como no macro. Parece impor-se uma perspectiva que busca identificar as conexões e o todo maior.

Cooperação apesar da economia de mercado

O que aconteceria se nossos governos e empresas multinacionais admitissem a importância da visão das dependências recíprocas e a adotassem de modo consequente? Na Alemanha, poderíamos passar da economia de mercado social para uma economia de mercado sustentável que, além dos interesses sociais, também leve em consideração os do ambiente. Em muitos países e grupos de empresas, deveríamos nos desenvolver não só no sentido de aspirarmos a operar com números positivos, mas também a funcionar de maneira ecológica. Afinal, tampouco hesitamos em investir centenas de bilhões para salvar nosso sistema financeiro global e estabilizar a UE por meio do financiamento da Grécia. Quanto poderíamos fazer se gastássemos a mesma soma para salvar o nosso planeta? Por que esse enfoque não é já hoje um objetivo comum e realista diante do pano de fundo dos dramáticos problemas ambientais existentes?

Creio que um enfoque abrangente tem, hoje, uma importância decisiva. Nenhum grupo – seja a elite financeira, um partido político ou usinas de ideias científicas – tem, sozinho, as respostas para todas as perguntas. Essa é a conclusão, inclusive, daqueles que lembram das soluções originais da história, por exemplo, os anciãos tribais das assim chamadas *native nations*, os sábios, os representantes das grandes religiões mundiais ou os especialistas ecológicos da primeira hora: Nós todos devemos produzir conjuntamente as mudanças necessárias, de longo alcance, para evitar a idade do "dinossauro humano".

O Papa Bento XVI disse em sua homilia de Natal de 2009: "A diferença entre um sonhador e um desperto consiste primeiramente em que o sonhador se encontra num mundo especial. Ele está trancado com seu Eu nesse mundo do sonho que exatamente é só seu e não o liga aos outros. Despertar significa: Sair do mundo especial do Eu e entrar na realidade comum, na verdade que, sozinha, une a nós todos. [...] O conflito no mundo, a impossibilidade de reconciliação mútua resulta do fato de que estamos enclausurados nos próprios interesses e pontos de vista, em nosso próprio e minúsculo mundo especial. O egoísmo, o egoísmo grupal e o egoísmo individual nos mantêm prisioneiros de nossos interesses e desejos, que são opostos à verdade e nos separam uns dos outros".

Conscientes da importância de promover o conhecimento das dependências globais, criamos na Puma uma visão empresarial que leva em consideração nossas relações, como seres humanos e como empresa, com nossa família global das espécies vivas. Dela faz parte, primeiro, promover o diálogo com os outros e, segundo, deixar-se inspirar por eles. Como será exposto detalhadamente numa passagem ulterior, essa visão empresarial engloba também nosso anseio por um mundo de paz e de igualdade. Esses valores-chave e práticas da Puma resultaram de nosso desejo de criar padrões elevados para nossos produtos e para nossa prática, não só em nossa própria empresa, mas também para além de suas fronteiras. Desse modo, agora estamos num processo constante de examinar e melhorar cada aspecto de nossa cadeia de criação de valor. Isso se estende das fontes de suprimento de nossas matérias-primas até as práticas com as quais apoiamos nossos empregados, a fim de assegurar que a vida seja apoiada e conservada. No entanto, sei que isto é apenas o princípio. Inspira-nos a ideia de um mundo melhor que ainda está muito distante de se tornar realidade.

Do coração do mundo

No musical *Camelot*, baseado nas diversas lendas sobre o Rei Artur, os autores Alan Jay Lerner e Frederick Loewe tomaram a liberdade poética de reescrever as narrativas sobre a educação de Artur levada a cabo pelo Mago Merlin. Segundo a lenda, Merlin transformou o pequeno "Wart" – esse era o apelido de Artur na juventude – num animal diferente em cada capítulo. Um dia, Merlin fez de Wart um pássaro, e o jovem Artur desliza sem esforço pelos ares. No seu retorno, Artur foi indagado pelo seu mentor sobre o que havia aprendido. "Ora", disse Artur, "lá de cima aprendi que não existem fronteiras, nem muros ou cercas". Nessa parte da peça, o público percebe que a perspectiva de Artur se modificou completamente pela altitude e mobilidade, como no caso de um astronauta ou piloto. Em minha opinião, semelhante perspectiva é necessária para que o mundo possa retornar novamente ao seu equilíbrio ecológico original. Quando vemos tudo da perspectiva de um pássaro, podemos conceber um mundo em que reina mais a cooperação e menos a concorrência, que se orienta mais intensamente pelo todo do que pelas regiões, que está interessado mais na manutenção de processos do que em fragmentos permutáveis. Uma tal abordagem sem fronteiras também dá mais ênfase ao espírito positivo da criação conjunta e menos ao lamento sobre a morte do planeta.

Uma das histórias mais impressionantes da atualidade é a do Povo Kogi, que vive na cadeia montanhosa de Sierra Nevada de Santa Marta, na Colômbia, América do Sul. Segundo o documentário da BBC *From the Heart of the World: The Elder Brothers' Warning* (Do coração do mundo: O alerta do irmão mais velho), o povo indígena Kogi se refugiou nos gélidos topos montanhosos quando integrantes de sua tribo foram perseguidos e mortos pelos pioneiros europeus que colonizaram a América do Sul. Desse modo, segundo a lenda, os Kogi se concentraram na parte mais alta das montanhas de Sierra Nevada durante a conquista espanhola há mais de 400 anos. Essa história é muito interessante, pois, diferentemente de quase todos os outros povos, os Kogi viveram isolados e mantiveram sua cultura original. A parte talvez mais impressionante de sua história é o fato de que, em 1990, eles decidiram romper o silêncio e falar ao "irmão mais novo". Assim denominaram os visitantes não convidados oriundos da Europa que no passado os haviam expulsado. Após séculos de isolamento, o irmão mais velho, ou seja, o Povo Kogi, convidou uma equipe da BBC para uma visita, pois havia chegado a hora de comunicar algo importante para o mundo. Naturalmente, esta era uma história fascinante e uma rara oportunidade para antropólogos e jornalistas, aos quais, há gerações, havia sido negado o acesso ao Povo Kogi.

Por que os Kogi romperam o seu silêncio? O que tinham para dizer? Há décadas haviam observado que, nas proximidades do topo da montanha, a vegetação natural do entorno começou a ficar mais rala e perder a coloração. Eles sabiam que se o topo da montanha ficasse infértil também a vegetação na parte mais baixa da montanha desapareceria. Eles lamentaram que uma usina de energia elétrica houvesse sido construída num de seus locais sagrados, e eles tinham conhecimento da mineração, da derrubada das matas e do esgotamento dos recursos ao seu redor. À continuação, um trecho de um alerta dirigido ao irmão mais novo, em nossa compreensão, portanto, ao resto do mundo: "Irmão mais novo, para com isso. Tu já tomaste tanto. Nós precisamos da água para viver. A mãe nos disse como viver corretamente e como pensar bem. Nós ainda estamos aqui e nada esquecemos. A terra se arruína, ela perde sua força, porque dela se saqueou muito combustível, carvão e minerais. O irmão mais novo diz: 'Sim! Aqui estou! Eu sei muito sobre o universo!' Mas esse saber significa aprender como se destrói o mundo, como se destrói tudo, a humanidade inteira. [...] A mãe sofre... ela está doente. Se cortarmos nossos braços, não poderemos trabalhar; se cortarmos nossas pernas, não poderemos andar. O mesmo também se passa com a mãe. A mãe sofre. Ela não tem nada. Entende, irmão mais novo, o que fez?"

O elemento singular do alerta do irmão mais velho consiste em que os Kogi não são uma espécie ameaçada com quatro pernas ou duas asas. São seres humanos como nós. Percebem que "o mundo vai acabar" se o "irmão mais novo não mudar seus hábitos e comportamentos".

Uma outra visão dessa mensagem já foi apresentada muitas vezes com base científica, por exemplo, na Conferência sobre Meio Ambiente, no Rio de Janeiro, no Clube de Roma, em Kyoto, Copenhagen e em dúzias de conferências internacionais. Mas a diferença consiste em que os Kogi vivenciaram diretamente a razão porque a humanidade se encontra em grande perigo.

Em 2009, teve lugar no Alasca uma grande assembleia dos líderes dos povos indígenas. Muitas tribos compararam suas observações e constataram que a ameaça afeta não apenas as águias-de-cabeça-branca e as baleias, mas toda a humanidade. Essas tribos não podem mais se alimentar dos animais que haviam caçado durante gerações. Muitos vivem em regiões costeiras que sofrem inundações cada vez mais frequentes, ou perderam as florestas em que no passado encontravam animais de caça e também buscavam refúgio. Muitos sofrem das doenças crônicas que acompanham a fase final de uma civilização.

No final do documentário *From the Heart of the World: The Elder Brothers' Warning*, o ancião que fala em nome do Povo Kogi assinala também uma centelha de esperança. Ele diz: "O mundo não tem de acabar – se mudarmos imediatamente o essencial".

Depende de todos nós. Em face da dinâmica da transformação que se torna cada vez maior, é muito tarde para ser um pessimista – e muito cedo para acabar como um dinossauro.

Jochen Zeitz

Monge e executivo em diálogo

♦ ♦ ♦

ANSELM GRÜN • É tempo de agir, neste ponto lhe dou razão, Senhor Zeitz. Para isso, é preciso as energias do maior número de pessoas possível, também dos nossos dois mundos. A religião e a economia certamente são as principais forças configuradoras de uma sociedade. A economia cunha, com a cultura criada nas empresas, também a cultura da sociedade. E a religião cunha muitas pessoas; não só os indivíduos, mas também o seu convívio. Hoje quase não há um país em que somente uma religião cunha toda a sociedade, ainda que, no Ocidente cristão, algumas regiões conheçam exclusivamente a tradição cristã. Ali o ano ainda é determinado pelas festas do ano eclesiástico; por exemplo, a Quaresma ainda tem uma força marcante também para o convívio entre as pessoas. E o Natal também contribui muito para aumentar as vendas das redes de lojas na maior parte dos países, o que é apenas uma ligação exterior entre economia e religião.

Ambas pertencem essencialmente ao ser humano: Por um lado, o ser humano deve obter seu sustento. Nesse caso, ele é essencialmente um ser humano econômico. No entanto, ele descobre em si também o anseio por algo mais, por uma dimensão que vai além deste mundo. É o anseio por Deus e o anseio para que a natureza não seja só natureza, mas seja repleta de forças divinas e de amor divino. A dimensão religiosa confere ao ser humano, por um lado, a sua dignidade, porque ele se percebe como filho e filha de Deus. E ela lhe confere também o sentimento de proteção, de estar-inserido num contexto maior, no amor de Deus.

A sustentabilidade precisa, no final das contas, de uma dimensão religiosa. É claro que podemos lidar de forma sustentável com a natureza também por razões puramente racionais, porque do contrário não sobreviveríamos a longo prazo. Porém, a mera *ratio* não é motivação suficiente para uma atividade econômica sustentável. Como sabemos, é isso que observamos nos últimos 30 anos. É preciso a dimensão religiosa que vê a natureza como algo sagrado, como algo que se subtrai ao nosso acesso, porque é criado por Deus e permeado por Deus.

Hoje a defesa de uma atividade econômica sustentável é tarefa de todas as religiões. Não se trata mais da luta das religiões umas contra as outras, mas de um esforço conjunto para lidarmos umas com as outras e com a criação no espírito da solidariedade e do amor. Quando a religião perde a sua força, esferas puramente seculares adquirem uma dimensão religiosa. Isso não faz bem ao ser humano. Quando, por exemplo, a saúde é, de certo modo, carregada de conceitos religiosos – para muitos, ela é, hoje, o "bem supremo" –, surge uma religião da saúde que, muitas vezes, é bastante agressiva e exigente, amedrontando as pessoas. Somente quando a religião permeia todas as esferas da vida – a saúde, a economia, a educação para a natureza ou a comunhão dos seres humanos entre si – as pessoas lidam de modo benéfico e saudável com essas esferas.

JOCHEN ZEITZ • A religião é um possível parêntesis. Porém, independentemente da religião, as pessoas também devem entender que todas as esferas da vida que o senhor menciona – natureza, economia, sociedade – estão interligadas. É o que muitos ainda não entenderam. Quero lhe dar um exemplo. Há sete anos [2010] a Puma organiza uma conferência, para a qual convidamos diversos grupos de interesse, isto é, *stakeholder*: Funcionários, investidores, grupos ambientais, Organizações Não Governamentais (ONGs) e parceiros de negócios. No início, essa conferência era principalmente um encontro em que estavam no centro os aspectos sociais de nossas fábricas, por exemplo, os salários e direitos trabalhistas. Em menor medida, tratava-se também do ambiente, mas essencialmente relacionado à saúde dos trabalhadores em nossas fábricas. Desde 2009 incluímos representantes de todos os três aspectos da visão da Puma: paz, ambiente e segurança social, criatividade. Portanto, não nos concentramos mais prioritariamente na relação entre empregadores e empregados e na proteção dos trabalhadores, mas consideramos nossas possibilidades e medidas para um mundo melhor num contexto mais amplo e abrangente. Um participante perguntou por que deveríamos nos ocupar com o ambiente, a paz e a arte, uma vez que nossos interesses e problemas seriam exclusivamente de natureza social. Certamente ele tinha razão, no sentido de que também nós ainda podemos e devemos melhorar algumas coisas nessa área, mas não podemos continuar a otimizar exclusivamente uma esfera e, desse modo, desconsiderar as outras.

Para as empresas, isso significa que devemos complementar o conceito original da responsabilidade social corporativa – RSC (Corporate Social Responsibility – CSR), incluindo obrigatoriamente, entre outros aspectos, a proteção ambiental nas nossas decisões econômicas.

Se a RSC então é suficiente para resolver os problemas criados pela economia, depende de quão profundo, sério e integrativo é o próprio programa de RSC. Em princípio, um bom programa de RSC ou um bom projeto de RSC deveria ajudar a impedir, ou seja, a evitar de antemão precisamente os problemas muitas vezes causados em primeiro lugar pela atividade econômica. No entanto, isso pressupõe que a RSC não continue a ser uma iniciativa no nível departamental ou apenas um "acessório ornamental", mas seja um componente essencial de uma empresa. Quando a RSC é, dessa maneira, parte da estrutura da empresa, o conjunto da estratégia de uma empresa se baseia num modelo de negócio sustentável que pode resolver problemas de modo efetivo e, neste particular, visualiza também novas oportunidades. Assim, necessitamos de uma visão holística das coisas, ainda que esta muitas vezes levante mais perguntas do que dê respostas. Aqui entram em jogo espiritualidade, religião e metafísica. Todas as partes desse quebra-cabeça refletem umas às outras e se ligam umas às outras como num holograma.

Por muito tempo, o mundo econômico seguiu seu caminho, isolado da espiritualidade; muitas vezes, uma espécie de muro separou esses dois mundos. Por que algum dia não deveríamos conseguir tirar do caminho os muros que separam ciência e religião, economia e espiritualidade, monge e executivo? Sei que um executivo pode abrir seu coração para a dimensão espiritual; sei também que o senhor, Padre Anselm, pode ser e na realidade já é um homem de negócios e um executivo de sucesso.

ANSELM GRÜN • Há 34 anos [2010], sou um executivo, no papel de ecônomo da Abadia de Münsterschwarzach. Sou responsável por quase 300 empregados e dirijo as aproximadamente 20 empresas da abadia. E ao mesmo tempo sou o diretor financeiro. Por um lado, é um trabalho de cunho inteiramente secular. Mas, para mim, também é, ao mesmo tempo, uma tarefa espiritual, pois sinto exatamente que, pela maneira de lidar com os funcionários e de administrar a abadia, configuro o clima em que os funcionários trabalham aqui. Por um lado, é um desafio dirigido a mim, ou seja, de eu mesmo propagar um clima de paz, confiança e esperança. Por outro lado, é minha tarefa despertar nos funcionários o senso para o convívio e para novas formas de atividade econômica, particularmente da atividade econômica sustentável. Conheço ecônomos monásticos que se escondem atrás do dinheiro e muitas vezes exercem poder por meio dele. É uma tentação que todo dirigente conhece. É o que torna ainda mais importante incentivar os funcionários, em vez de exercer poder sobre eles; despertar vida, em vez de dar provas de si mesmo. São todas atitudes espirituais que inclusive um ecônomo monástico não adota espontaneamente, mas que ele deve exercitar repetidamente, com toda a humildade.

A sustentabilidade nos interessa muito. É verdade que ainda estamos muito distantes de lidar de modo inteiramente sustentável com nossas próprias forças e com os recursos da natureza. Em todo caso, já agora alcançamos um dos nossos objetivos, a saber, obter até 2015 toda a energia a partir de fontes renováveis da região. Até produzimos mais energia do que precisamos: no total, 14% na energia de aquecimento na energia elétrica temos até um excedente de 40%. O próximo projeto é a reorientação de nossa frota de automóveis. Também aqui queremos, na realidade, exclusivamente os veículos que podem funcionar com energia renovável. Mas todas as soluções oferecidas hoje – carros híbridos, carros elétricos – ainda não nos convencem. Assim tentamos alcançar soluções mais eficientes com os automóveis convencionais. Mas sentimos que, nesse campo, devemos ser ainda mais criativos.

Nossos empreendimentos são certificados. Buscamos, portanto, levar em conta os aspectos ambientais – tratar com cuidado da natureza, produzir o mínimo possível de lixo e dejeto nocivo à natureza. Claro que, também nesse campo, ainda haveria muito mais a fazer.

Nas nossas reuniões mensais sobre a temática das construções, conversamos sobre a atividade econômica sustentável. Ao reformar ou erguer novas construções, ao produzir móveis, ao renovar as fiações elétricas e trocar lâmpadas, é importante levar em conta a sustentabilidade nesses trabalhos cotidianos. Muitas vezes, produzir um móvel sustentável custa mais dinheiro; com frequência, construir de modo sustentável é mais caro que construir de modo convencional. No entanto, a longo prazo, a iniciativa compensa, pois as nossas construções duram bem mais que os prédios similares, construídos pelo estado ou pelo município. O prédio da nossa escola já tem 50 anos. As reformas regulares – janelas melhores que desperdiçam menos energia – geram apenas custos menores, quando comparados aos altos custos da restauração total, consumidos pelas escolas públicas.

Uma outra área com a qual queremos nos ocupar conscientemente – em que, porém, ainda não alcançamos grandes progressos – é o cultivo ecológico nas nossas lavouras e na horta e, associado a isso, a mudança da nossa alimentação. Temos a vantagem de produzir, nós mesmos, a maior parte dos gêneros alimentícios. Desse modo, fica excluído todo o lixo das embalagens. Mas a reorientação da alimentação para um alimento sadio e vegetariano é um tema muito sensível, que não pode ser simplesmente decretado de cima para baixo. Estamos apenas na fase de despertar uma nova consciência no nosso mosteiro e entre os empregados na cozinha, na padaria, no açougue, na lavoura e na horta. Nunca devemos nos dar por satisfeitos com o que alcançamos até agora. Sempre se abrem novos campos em que devemos implementar de modo coerente a atividade econômica sustentável. O fato de nós, beneditinos, permanecermos sempre no mesmo lugar, promove a sustentabilidade. Queremos moldar o lugar de modo que também os monges se sintam bem nele nos próximos séculos. Por conseguinte, para cada árvore derrubada plantamos uma nova. A espécie de árvore é definida junto com o apicultor, para que as abelhas forneçam um bom mel. Obtemos nossa água de um poço próprio. Desse modo, é preciso lidar cuidadosamente com os fertilizantes, para que a água do poço conserve sua excelente qualidade.

JOCHEN ZEITZ • Devo dizer que fiquei surpreso ao saber há quanto tempo seu mosteiro já promove um estilo de vida sustentável em todos os aspectos. Padre Alselm, o senhor foi tão amável em me acolher no verão de 2009, como monge temporário, em Münsterschwarzach. Como o senhor já disse, os monges observam o princípio da sustentabilidade ao produzirem, eles mesmos, seu alimento – até onde isso é possível –, e se preocuparem integralmente com seu ambiente. Inteiramente no sentido da tradição bíblica, os monges cultivam e conservam o jardim. Lembro-me do enorme contraste que a vida em sua comunidade representou no início para o meu próprio estilo de vida – levantar todo dia antes das cinco horas, rezar cinco vezes durante o dia, fazer três refeições conjuntas em silêncio. Nos primeiros dias, até me adaptar ao ritmo e me encontrar comigo mesmo, essa rotina me deixou realmente cansado.

No mosteiro, agradeci pelo tempo em que pude refletir e me dedicar às grandes questões existenciais que muitas vezes evitamos durante a vida – entre outras, com o significado da liberdade, da morte, da solidão e do sentido da vida. E tinha também algumas perguntas específicas – por exemplo: "Onde se encontram Deus e psicologia?" – que queria fazer ao senhor, Padre Anselm, quando tirei essa pausa para refletir.

Um ponto que facilmente esquecemos em nossa agitada vida urbana é – como gostaria de chamá-la – a arte de viver. Num mosteiro se redescobre o significado de comer corretamente e realmente registrar da forma intensa o sabor da comida, o que em parte certamente ocorre também por causa do voto de silêncio durante as refeições. Uma vez que a cerveja era permitida somente aos domingos, ela parecia ter um sabor muito melhor, pois a aguardávamos com grande expectativa e então a saboreávamos – e normalmente eu nem gosto de cerveja.

É difícil aprender a arte de viver numa época em que todos falam de velocidade, uma realidade que também eu vivencio diariamente. Entre outras coisas, aprendi na atmosfera dos jardins do mosteiro que, às vezes, devo me desacelerar para sentir melhor o ritmo da minha vida. A incerteza da vida desaparece quando se pode vivenciar também pequenas alegrias enquanto tais.

Nesse período, quando eu saía para correr a cada dois dias, pela primeira vez não se tratava de determinar a minha velocidade pelo relógio e pelo meu pulso. Em vez disso, disse para mim: "Olá, amigo, vai devagar e não deixes tua alma para trás!" Eu inclusive escolhia sempre um outro caminho, a fim de explorar a bela natureza em torno do mosteiro.

Vivencio a mesma coisa toda vez que olho para o céu estrelado na minha fazenda no Quênia. Um dia retornei de um safári em que não fora possível tomar banho durante uma semana. De repente, um banho de chuveiro foi uma vivência completamente nova: uma experiência preciosa e única. Hoje evito considerar as efêmeras alegrias da vida como uma obviedade.

Tenho a sensação que aquilo que o senhor, Padre Anselm, e a sua comunidade podem oferecer para mim e para muitos outros, é de vital importância para o nosso mundo. Não poderemos consertar um mundo que não funciona, se nós mesmos não funcionarmos. Não pode haver redes sustentáveis sem componentes sustentáveis. Nós fazemos parte dos componentes importantes no sistema ecológico superior, e nossos próprios componentes – o espírito, o coração e, sobretudo, a alma – devem ser saudáveis, para que o nosso mundo possa ser restaurado de modo sustentável. Por conseguinte, aos meus olhos o seu trabalho, Padre Anselm, não é apenas complementar ao meu, mas é indispensável para o meu. Muito obrigado.

ANSELM GRÜN • Não só executivos como o senhor podem aprender de nós; nós também aprendemos das empresas. Quando, junto com o Padre Maurício, estive durante um dia na Puma e ali presenciei uma teleconferência mundial sobre os objetivos dos próximos anos, fiquei muito impressionado com a clareza e a objetividade do processo. No nosso caso, tudo transcorre mais devagar. Isso pode ter vantagens. Mas, às vezes, também somos lentos. Sobretudo nesse dia que passei com o senhor ocorreu-me que a sustentabilidade não é só um ideal que nós no mosteiro naturalmente valorizamos tanto como na Puma, mas que ela é mensurável e deve se expressar, repetida e claramente, em objetivos concretos, por exemplo, para o empacotamento, o transporte, o trabalho do escritório, o trabalho com os clientes. Para tudo que fazemos.

As diretorias da Puma mencionaram porcentagens e montantes em euro exatos, que elas pretendem economizar com energia e lixo. De modo tão preciso, nós ainda não examinamos nossas áreas econômicas. Assim, retornei da Puma com a ideia de examinar aos poucos também os nossos diversos setores, a fim de insistir em mais sustentabilidade e formular objetivos claros.

JOCHEN ZEITZ • Antes de tudo, hoje temos na Puma uma missão claramente formulada e complementar em que a sustentabilidade se tornou um componente fixo de nossa diretriz empresarial: Queremos nos tornar a mais cobiçada e sustentável empresa de estilo de vida esportivo. Por conseguinte, a sustentabilidade agora está completamente ancorada no "DNA" da marca e da empresa. Sobre essa base, definimos um programa de ação a longo prazo com objetivos ambiciosos que pretendemos atingir até 2015. Gostaria de mencionar aqui apenas alguns desses objetivos na área ambiental:

- Redução das emissões de CO_2, do consumo de energia e de água e da produção de lixo em 25% em nossos estabelecimentos, negócios, depósitos e junto aos nossos fornecedores em todo o mundo.
- Além disso, a partir de 2010 compensaremos nossas emissões mundiais de CO_2 através de projetos nacionais com certificação externa, com ênfase na África.
- Introdução de escritórios sem papel por meio de uma diminuição de aproximadamente 75% do consumo de papel e através do apoio a projetos de reflorestamento para compensar o consumo.
- Introdução do indicador de sustentabilidade Puma (S-index) como parâmetro para a sustentabilidade de todos os nossos produtos e para a comunicação com os nossos clientes e consumidores.
- Produção de 50% de todas as nossas coleções internacionais de acordo com nosso Puma S-index até 2015, no que materiais sustentáveis como algodão biológico,

algodão – *cotton made in Africa* ou *recyceltes polyester* serão utilizados nas linhas de produção de modo ambientalmente mais cuidadoso.

- Introdução de um conceito inovador de empacotamento e de distribuição de nossos produtos que no futuro reduzirá o emprego de papel para a confecção de caixas de sapato em 65% e a emissão de CO_2 em 10.000 toneladas por ano. Todos os materiais de embalagem restantes deverão ser sustentáveis até o ano de 2015. Também nossas coleções têxteis serão embaladas num material sustentável que substitui a tradicional sacola plástica de polietileno. Desse modo, podem ser economizadas 720 toneladas de sacolas plásticas por ano, o que corresponde a uma economia de 29 milhões de sacolas plásticas – o que corresponde, por sua vez, a uma área de 1.000 campos de futebol. Além disso, as camisas da Puma serão dobradas uma vez mais, a fim de diminuir o tamanho da embalagem e, assim, reduzir ainda mais as emissões de CO_2 e os custos de transporte. Por meio do uso de sacolas biodegradáveis de amido de milho nos estabelecimentos da Puma, em vez das sacolas de plástico e de papel, economizaremos futuramente outras 192 toneladas de plástico e 293 toneladas de papel. Além disso, por meio de um amplo conjunto de medidas, buscamos dar uma contribuição para a sociedade e a paz, bem como melhorar ainda mais as condições sociais dos trabalhadores nas fábricas dos nossos fornecedores.

Em resumo: Nossas palavras vêm acompanhadas de atos abrangentes e de passos concretos, a fim de permitir que nossa missão se torne cada vez mais uma realidade.

ANSELM GRÜN • Na Abadia de Münsterschwarzach, para mim é importante, bem concretamente, garantir a longo prazo também os postos de trabalho, de modo que não ocorra um entra e sai rápido. É claro que há dinâmicas que conduzem ao necessário fechamento de certos setores. Mas, mesmo nesse caso, se deve considerar a possibilidade de oferecer postos de trabalho em algum outro setor. A variação rápida de empregar e demitir é muito cara a longo prazo. Também na política de pessoal se trata, portanto, de sustentabilidade.

No tema sustentabilidade nós não precisamos nos reinventar tão fundamentalmente como uma empresa; nesse caso, é claro que temos uma clara vantagem competitiva. O mosteiro não vive unicamente dos produtos que ele vende, mas também da organização parcimoniosa e sustentável, em que há poucas perdas com atritos. Reduzimos ao mínimo a burocracia na nossa administração e na administração das empresas.

Uma grande parte dos produtos e serviços de nossos empreendimentos – móveis, instalações elétricas, serviços de pintura e ferragem e assim por diante – não são vendidas no livre mercado. Destinam-se simplesmente ao consumo interno. Além disso, na abadia tomamos a decisão de não cobrir permanentemente as ofertas mais baratas das empresas da região, mas aceitar conscientemente um preço mais alto, a fim de poder administrar a atividade econômica de modo sustentável. É claro que nossas oficinas buscam melhorar a estrutura de custos. E nós buscamos então comparar os custos dos produtos sustentáveis e os produtos baratos. A diferença deve estar numa proporção adequada. Portanto, não devemos dizer cegamente: Os produtos sustentáveis devem simplesmente custar mais. É preciso uma relação adequada entre melhor qualidade e maiores custos.

Uma grande parte de nossos produtos são livros. É claro que aí se trata, em primeira linha, de ideias que queremos comunicar às pessoas. Nesse caso, é importante falar numa linguagem que não julgue, que toque o coração das pessoas e lhes transmita esperança, é importante comunicar que a vida vale a pena e que ela pode dar certo.

No caso dos outros produtos que vendemos – mercadorias do nosso açougue, da padaria, da gráfica, do ourives e da livraria –, sentimos que as pessoas não reparam apenas no preço, mas também na qualidade. E, nesse aspecto, um mosteiro tem hoje uma evidente vantagem no que diz respeito à imagem. As pessoas confiam que aquilo que nós produzimos também é produzido de modo sustentável e é de boa qualidade. É claro que a boa qualidade e a sustentabilidade dos produtos devem estar numa relação adequada com o preço, mas, no nosso caso, os compradores pagam um preço adequado e não um valor exagerado.

JOCHEN ZEITZ • O senhor diz que os clientes pagam um preço adequado. Eu também penso assim; e nós não deveríamos subestimar os consumidores. Muitos começaram, há muito tempo, a comprar de uma maneira mais consciente. Toda vez que nos encontramos numa loja, temos a opção de decidir que produto e que marca adquirimos – contanto que tenhamos condições de comprá-lo. Podemos exercer influência simplesmente deixando de comprar os produtos que, por exemplo, poluem o ambiente e que produzem muito lixo.

Se formos criativos como empresa e como marca, também descobriremos formas de envolver e informar nossos consumidores, assim como nós mesmos devemos nos informar melhor, a fim de aguçar nossa consciência para uma atividade econômica ambientalmente mais adequada. Nesse aspecto, as empresas ainda têm muito a aprender e a fazer. Devemos nos tornar parceiros que levam seus consumidores junto nessa viagem.

Além disso, somos nós, as empresas, que, de certo modo, incutimos certos comportamentos de consumo nos consumidores. Portanto, também faz parte da nossa responsabilidade mudar nossas práticas empresariais e esclarecer os consumidores de maneira mais transparente e numa linguagem compreensível, em vez de acusá-los de não estarem dispostos a pagar um preço mais elevado pela sustentabilidade. Como fornecedores devemos repensar e como consumidores temos de reprogramar a nós mesmos na nossa maneira de comer, beber, vestir e viver.

2
Ser humano e ambiente

JÁ NAS PRIMEIRAS PÁGINAS DA BÍBLIA, nos assim chamados relatos da criação, fica evidente que o ser humano é inserido num ambiente. O texto mais antigo no livro do Gênesis (2,4-25) relata que Deus coloca o ser humano no Jardim do Éden, para que ele o prepare, cultive e guarde. Portanto, o ser humano tem uma responsabilidade pela criação, pela natureza. Ele deve tratá-la com atenção e cuidado e configurar seu ambiente de tal modo que aí fique visível a beleza que o Criador concedeu ao Jardim do Éden. O ser humano deve manter sua mão protetora sobre o ambiente. Ele é responsável pelo florescimento da natureza ao seu redor.

No texto mais recente da Bíblia (Gn 1,1–2,3) consta a passagem que, na tradição cristã, às vezes foi equivocadamente entendida como o domínio do ser humano sobre a natureza: "E Deus os abençoou e lhes disse: Sede fecundo e multiplicai-vos, enchei a terra e submetei-a! Dominai sobre os peixes do mar, as aves do céu e tudo que vive e se move sobre a terra" (Gn 1,28). No entanto, essas palavras não são uma legitimação da exploração da natureza. Antes, trata-se de que o ser humano em seu trabalho repasse a força da bênção de Deus para o restante da criação. Isto significa: O ser humano deve lidar com o seu ambiente de modo que este se torne uma bênção para ele e para ela.

No Novo Testamento Jesus convida seus discípulos a olharem detalhadamente o seu ambiente. Ele quer dizer: O que observamos na natureza é uma imagem para nossa vida. Isso vale até hoje. Ele se refere aos pássaros do céu e aos lírios do campo (Mt 6,26-33). Eles são uma imagem para o cuidado de Deus com o ser humano. Por conseguinte, não devemos viver receosos neste mundo, mas confiantes de que Deus nos concede dádivas por meio da sua criação. Ela coloca à nossa disposição alimentos e roupas suficientes, quando a tratamos bem. Portanto, não devemos explorar a criação de tanto medo de que nos falte alguma coisa. Em vez disso, é nossa tarefa tratá-la com responsabilidade, fazer jus a ela. Portanto, o ser humano deveria deixar Deus governar sobre ela e não elevar a si mesmo como senhor sobre a criação. Em vez disso, para nós, seres humanos, trata-se, em primeira linha, do Reino de Deus e da sua justiça (cf. Mt 6,33).

A tradição beneditina levou isso a sério. Uma vez que, desde a sua fundação, os mosteiros beneditinos, na medida do possível, permanecem num e no mesmo lugar – Bento fala de *stabilitas*, de estabilidade –, um importante objetivo dos monges é configurar o seu ambiente de tal modo que ele permaneça conservado e aproveitável também para as futuras gerações. Hoje é o que talvez designássemos de "regionalização": Também num mundo globalizado, trata-se de dar ênfase à economia nas respectivas regiões. Quem aposta nas forças regionais protege o ambiente. Aproveita os recursos que encontra localmente, sem explorá-los.

Os mosteiros beneditinos estão enraizados nas respectivas regiões em que se encontram. Eles mantêm inúmeras relações com as pessoas em seus arredores e lhes oferecem oportunidades de trabalho. Os beneditinos olham para o próximo. Eles querem configurar bem aquilo que, por assim dizer, está diante dos seus olhos. Não têm a grande visão para o mundo inteiro. No entanto, ao cuidarem e conservarem diligentemente o seu limitado meio contribuem para moldar um ambiente mais humano e mais habitável.

Os beneditinos moldaram seu ambiente de tal modo que seu espírito se expressou nele. É um espírito de respeito ao Criador e também à criação. E é um espírito de louvor. Segundo São Bento, é importante louvar diariamente a Deus como o Criador. Quem o faz, vê a criação com outros olhos. Ele vê em seu ambiente o Espírito de Deus em ação e o molda de tal modo que ele glorifique o Criador.

Por conseguinte, a estética também é importante para os mosteiros. Os irmãos expressam a beleza da criação, por exemplo, ao prepararem jardins. Aqui se deixa à natureza o seu espaço. Eles exprimem a beleza do Criador também em suas próprias criações, por exemplo, na maneira de construir seu mosteiro e de ornamentar sua igreja.

No entanto, além do aspecto da beleza, os beneditinos valorizam, na configuração de seu ambiente, também o aspecto da cura. A criação está repleta de forças terapêuticas. Para evidenciar isso, os monges plantam hortaliças e, sobretudo, ervas medicinais. Eles pesquisam seu efeito e as utilizam na medicina do mosteiro não apenas para si mesmos, mas também para as pessoas da vizinhança. Nas hortas do mosteiro eles expressam que Deus é um Deus da cura e que Ele dotou a natureza com forças terapêuticas, que fazem bem a nós seres humanos.

Essa relação dos monges com seu ambiente se manifesta também no fato de que eles ensinam um estilo de vida que faz justiça às pessoas e ao seu ambiente: ao se entregar ao ritmo da natureza, ao levar em conta o ambiente específico do mosteiro, o monge leva uma vida saudável.

Os monges chamaram seus jardins no interior dos claustros de "paraíso". Segundo o mais antigo relato da criação da Bíblia (cf. acima), Deus colocou o ser humano num Jardim do Éden, no paraíso. Somente porque o ser humano abandonou a ordem de Deus, ele foi expulso. Mas, desde o primeiro dia, o anseio pelo paraíso perdido está presente no ser humano. Os monges materializaram esse anseio em seus jardins. Eles criaram jardins cheios de harmonia nos quais reinava a paz entre os seres humanos, as plantas e os animais, nos quais tudo estava bem ordenado. Ainda hoje são locais cheios de paz, mas também cheios de fragrâncias agradáveis.

Decisivo para os monges e sua cultura de jardins e lavouras foi a comunhão de destino que existia entre os monges e seu ambiente. Eles consideravam um pecado causar dano ao ambiente pelo seu próprio comportamento ou através de métodos inadequados. Porque os monges estavam cientes de sua união com a natureza, administraram com sucesso durante séculos.

Essa forma aparentemente antiquada de atividade econômica tem algo a nos ensinar também hoje na era da mudança climática. A longo prazo, seremos bem-sucedidos somente se levarmos a sério o nosso ambiente. Isso se aplica, antes de tudo, à natureza, mas também ao nosso ambiente humano.

Os monges cunharam a sociedade em que viviam. Na Idade Média os mosteiros eram os maiores empregadores. Anteciparam algumas conquistas modernas como seguro para idosos e seguro de saúde: O seguro de saúde era garantido pelas hortas e pela medicina dos mosteiros, disponíveis não só para os monges, mas também para os empregados. E o problema do seguro para idosos era resolvido da seguinte maneira: os empregados permaneciam a serviço do mosteiro até o fim da vida e recebiam do mosteiro todo o necessário à vida. A remuneração dos empregados consistia em dinheiro e produtos. Durante sua vida laboral ativa, o salário em dinheiro era maior; na velhice, havia uma maior remuneração em produtos.

Um olhar para a história revela que os monges sempre tiveram numa boa relação com seu ambiente humano, não só com os empregados do mosteiro, mas também com os moradores do povoado ou da cidade em que se situava o mosteiro. Hoje, não podemos mais retornar a essa forma de sociedade. No entanto, apesar da globalização, atualmente há um tendência completamente salutar de articular (novamente) as atividades econômicas globais e regionais umas com as outras.

Os produtos alimentícios devem vir da região, para evitar custos de transporte desnecessários. Também os serviços importantes – sobretudo os técnicos – devem ser executados por pessoas da vizinhança imediata. Regionalização e globalização não se contradizem. Elas precisam de um bom convívio.

Como beneditinos missionários, não olhamos apenas para o nosso ambiente limitado. Atuamos em todo o mundo. Nossos missionários construíram mosteiros em países distantes, a fim de se estabelecerem ali. Porém, ao mesmo tempo, eles permanecem ligados à sua terra natal. E possibilitam aos monges no exterior uma formação conosco na Europa. Em Münsterschwarzach estamos em contato com mosteiros da África, dos Estados Unidos e da Ásia. Há um intenso intercâmbio. Desse modo, nosso olhar se estende ao mundo inteiro. Não pretendemos simplesmente exportar nosso estilo de vida para os países distantes. Antes, queremos moldar o ambiente onde nos estabelecemos. E, ao mesmo tempo, aprender das culturas em que criamos raízes. Sentimos repetidamente em nossos mosteiros na Alemanha e no exterior que o diálogo com as culturas estrangeiras enriquece a nossa vida.

Anselm Grün

Monge e executivo em diálogo

♦ ♦ ♦

JOCHEN ZEITZ ♦ No que diz respeito à configuração interior das empresas e às relações com o ambiente, as empresas têm uma enorme desvantagem frente aos mosteiros. Os Padres do Deserto e primeiros monges cristãos viveram já há mais de 1.500 anos, e o senhor, Padre Anselm, e seus irmãos como monges e seus sucessores tiveram muito tempo para examinar, ou seja, moldar o seu estilo de vida, a sua espiritualidade e a sua concepção de Deus. Certamente, os Padres do Deserto estavam entre nossos primeiros psicólogos e tinham uma compreensão profunda da vida e da morte.

É claro que, em nossa época, o espírito de uma empresa, ainda que tenha sido estabelecido durante um período mais longo, não é tão profundo e espiritual, pois a vida econômica é diariamente marcada tão intensamente pela concorrência que quase não há tempo e espaço para outras dimensões da vida. Mas, para que uma empresa não tenha sucesso apenas no curto prazo, ela também deve possuir um espírito, estar convencida daquilo que produz e defende, desenvolver uma cultura e exibir e viver valores comuns. Sem um espírito positivo, uma empresa não conseguirá ser bem-sucedida durante décadas e, muito menos, durante séculos.

ANSELM GRÜN ♦ Apesar de, ou talvez exatamente por causa de nossa longa tradição, também nós temos de nos comprovar de novo todos os dias. É verdade que os monges buscam configurar o seu meio de modo a expressar nele o seu espírito. Mas tampouco eles sempre estão moldados pelo espírito do respeito e do amor, pelo espírito da atenção e do cuidado. Nem sempre estão plenos do Espírito de Jesus. Por conseguinte, às vezes também no seu mosteiro e no seu entorno se expressa a falta de espírito, por exemplo, quando abandonam a dura humildade e equipam suas celas de modo burguês, quando perdem o sentido para o lado estético de suas construções e quando se dedicam demasiadamente às modas que lhes chegam de fora.

Por conseguinte, numa comunidade monacal é preciso uma reflexão contínua sobre o espírito que reina em nós e se expressa em nossas construções e em nossos jardins, em nossas empresas e em nossos pontos de venda. Às vezes é útil o olhar de um visitante para nos chamar a atenção para o espírito que se reflete neste ou naquele espaço, nesta ou naquela área de jardim ao redor do mosteiro. Precisamos da realimentação de fora, a fim de outra vez nos expandirmos de acordo com o espírito que queremos viver e também expressar.

JOCHEN ZEITZ • Não obstante, o senhor está muito mais próximo da natureza que nós. O mundo empresarial pode nos distanciar da natureza e do autêntico sentimento da terra natal. Com a finalidade de se opor a essa tendência, algumas empresas até mesmo definiram a localização do estabelecimento de modo a permitir que seus funcionários façam um passeio na natureza, meditem junto a fontes e se dediquem a um trabalho de jardinagem. O jardim do mosteiro também propicia um clima "interno" completamente especial. Ele renova, por assim dizer, o contrato com a natureza.

Empresários e executivos constatam que a natureza é o melhor remédio contra a correria e o Burnout. Por conseguinte, na maioria dos casos de *business-retreats*, portanto, fases de retirada da vida empresarial, trata-se de um fundo existencial de cunho espiritual e natural. O verso *we've got to get ourselves back to the garden*, em português "temos de retornar ao jardim", do canto *Woodstock*, descreve não apenas um acontecimento e nem só um movimento social, mas, antes, a situação atual do ser humano. Muitas vezes, o jardim de um mosteiro é um lugar para ouvir, exatamente como os parques nacionais ou as reservas naturais.

ANSELM GRÜN • Sim, eu mesmo me alegro e sou grato porque nosso mosteiro se situa na zona rural, de modo que tenho inúmeras oportunidades de estar junto à natureza. Ali posso caminhar em silêncio pelos jardins do mosteiro, ao meditar. Após o ofício divino – a oração cotidiana na Igreja –, restam quase dez minutos que igualmente convidam a um passeio pelo jardim. Nesse momento, não só aprecio o jardim, mas lembro que as árvores foram plantadas por monges que viveram neste mosteiro há muito tempo antes de mim.

Nos meses de verão, frequentemente transfiro minha meditação para o ar livre. Já pela manhã, às 5:45h, após o coro matutino, ando pela nossa "alameda do riacho", um maravilhoso caminho ao longo do riacho e por baixo de antigas árvores que os monges plantaram por ocasião da construção da igreja no ano de 1935. Ali escuto o gorjeio dos pássaros, regozijo-me com o aroma fresco da manhã, sinto o cheiro das flores e árvores e deixo o vento soprar em meu rosto e em minhas mãos. Isso me refrigera e me dá a sensação de fazer parte da infinita energia vital da natureza que vem de Deus para mim. Assim, a natureza me conduz à fonte que é Deus.

Além dos amplos jardins do mosteiro, também existem ainda os jardins na parte interna dos prédios do mosteiro. Os jardins internos eram construídos sempre com muito cuidado. Eram chamados de jardins do paraíso. Ali era comum encontrar também um poço e sempre se plantavam árvores e flores. Ele lembrava aos monges o paraíso que Adão e Eva cultivaram e em que viveram em comunhão com Deus. Acho interessante que os monges chamavam de paraísos não as suas igrejas, mas os seus jardins. Ali eles vivenciavam um pouco da paz e da harmonia com a criação e com o Criador, certamente da mesma maneira que Adão e Eva no paraíso. Quando caminho hoje pelo jardim interior, sinto algo da proteção que a natureza nos transmite.

JOCHEN ZEITZ • Reavivar esse contato com a natureza e com a espiritualidade, despertá-la também nos jovens, é a grande tarefa de nossa época. A espiritualidade está profundamente ancorada na alma humana. As religiões são a interpretação dessa espiritualidade. Hoje há possibilidades quase infinitas de viver a espiritualidade. Um número cada vez maior de pessoas procura e define sua própria espiritualidade no marco dessas possibilidades. É cada vez mais raro que elas encontrem numa religião as respostas às suas perguntas; isso talvez resida no fato de que algumas das religiões tradicionais necessitam de um *upgrade* ou talvez de uma tradução melhor, de uma forma contemporânea de comunicação e de linguagem. Atualmente, às vezes temos dificuldade em encontrar um acesso ou um ponto de contato com as mensagens religiosas tradicionais. Em muitos casos, elas não tocam mais nossa consciência. Um número cada vez menor de pessoas tira tempo para ler e entender a Bíblia. Um exemplo: Somente no primeiro volume de sua interpretação do Evangelho de Lucas, Eugen Drewermann precisou de 900 páginas para explicar e interpretar uma parte desse Evangelho, a fim de torná-lo compreensível aos leitores atuais.

Se quisermos que mais jovens descubram o seu lado espiritual, a religião deverá interpretar e traduzir as imagens religiosas e mitológicas do passado para os conceitos visuais da Modernidade, para torná-las compreensíveis e relevantes. A arte se modificou ao longo do tempo, assim como a música, a literatura e a linguagem. As relações entre as pessoas se modificaram: entre homens e mulheres, entre raças e culturas e, em alguns casos, entre as classes sociais.

Os líderes religiosos devem estar abertos para o interlocutor. Creio que, neste aspecto, os pontos de vista liberais dos monges beneditinos são muito úteis, mas, além dos preservadores, cada vez mais se exigem também "rebeldes" modernos e liberais. Em consequência, as religiões orientais rapidamente adquirem relevância e são uma tendência duradoura. Os seres humanos precisam de harmonia, liberdade interior e diretrizes na vida. A religião pode ser útil nesses temas, quando compreendida. Assim como os ativistas ambientais muitas vezes enfrentavam dificuldades para traduzir em palavras a sua mensagem de sustentabilidade, hoje também as igrejas enfrentam desafios similares para transmitir a sua mensagem em linguagem contemporânea.

ANSELM GRÜN • Exatamente aí vejo minha tarefa: formular a sabedoria da tradição cristã numa linguagem compreensível às pessoas de hoje. Aí sinto, exatamente como o senhor diz, um grande anseio por uma espiritualidade que ajude o ser humano a viver de maneira benéfica nesse mundo globalizado. Em minha opinião, a religião cristã responde sobretudo a dois aspectos. O primeiro parece ser de natureza egoísta: A espiritualidade me põe em contato com a fonte interior do Espírito Santo que flui em mim. É uma fonte de energia da qual posso haurir, sem exauri-la tão facilmente. Os caminhos que levam a essa fonte interior são as formas tradicionais, como a meditação e a oração, a tranquilidade e o culto a Deus e os diversos rituais pessoais ou eclesiásticos. No entanto, também faz parte dessa sabedoria redescobrir a natureza como um lugar religioso, como um espaço em que descobrimos a fonte do amor divino que flui em nós. Quando andamos pela natureza, temos parte nessa inesgotável fonte da vida divina.

E a natureza não julga. Nela nos sentimos acolhidos, protegidos, incluídos. A Igreja antiga não eliminou, mas acolheu a ideia da sabedoria da natureza, na forma descoberta e anunciada pelas religiões da natureza. Ela estabeleceu a mais importante festa do calendário eclesiástico na data dos antigos dias de festividade pagã, que sempre estavam ligados a um acontecimento da natureza, a fim de acolher o anseio que as pessoas associavam ao devir e perecer na natureza e consumá-lo na obra de Jesus. Porém, é lamentável que o cristianismo, pelo excesso de racionalidade, tenha negligenciado nos últimos trezentos anos a ligação com a natureza, de modo que esta se tornou estranha para muitas pessoas. Nesse caso, considero importante o diálogo com outras religiões para descobrir e equilibrar tendências unilaterais na própria religião. Para mim, este sempre foi precisamente o teor do diálogo com o budismo, a fim de redescobrir em minha tradição cristã a tendência mística e a ligação com a natureza.

O segundo aspecto da religião para o ser humano de hoje é que ela o conduz para além de si mesmo. A religião mostra que o ser humano não vive somente para si, mas que é criatura e, assim, tem responsabilidade pela criação e pelos irmãos e pelas irmãs. Essas duas responsabilidades nos são colocadas já nos primeiros versículos da Bíblia: "O Senhor Deus tomou o ser humano e o colocou no Jardim do Éden, para que o cultivasse e guardasse" (Gn 2,15). E, em seguida, Deus fez a pergunta a Caim, a qual se aplica a todos nós: "Onde está teu irmão Abel?" (Gn 4,9). A desculpa de Caim, "Acaso sou o guarda de meu irmão?" (Gn 4,9), não é válida para Deus. Sim, nós somos guardiões e guardiãs de nossos irmãos e de nossas irmãs. Nós não podemos simplesmente viver para nós, mas somos colocados numa comunidade que deve se relacionar de modo responsável com todas as pessoas e com toda a criação. Os dez mandamentos, ou melhor, orientações, são um auxílio para vivermos neste mundo de modo que o convívio humano dê certo. O termo alemão *Gebot* (mandamento), do qual não gostamos nem um pouco, tem o radical *bheudh*, que significa o mesmo que "acordar, estar mentalmente ativo". É o mesmo radical que identificamos na palavra *Buddha*: "o desperto, o acordado". Portanto, os mandamentos querem abrir nossos olhos para que andemos pelo mundo atentos, despertos e acordados, para que nos tornemos bênção para o mundo.

Se a religião expressar esses dois aspectos numa linguagem que toque o coração das pessoas, ela não se tornará antiquada, mas frequentemente voltará a desenvolver sua energia original. Mas, para que isso aconteça, é preciso os esforços daqueles que buscam, eles mesmos, viver a religião e também a anunciam de modo convincente para os outros. Sou inteiramente otimista de que, também no futuro, nos mosteiros viverão monges em número suficiente que indicarão um estilo de vida alternativo para o mundo. Ele pode ser repetidamente um estímulo visível para o exame e o melhoramento do próprio estilo de vida.

JOCHEN ZEITZ • Como o senhor já escreveu, a missão da sua ordem se estende não apenas aos arredores do mosteiro, mas ao mundo inteiro. Em primeiro lugar, permita-me assinalar uma semelhança fundamental entre religião e economia: Um executivo busca descobrir novos clientes e mercados, de modo que a empresa possa incrementar a venda de seus produtos e de sua marca. Muitas vezes, o objetivo consiste em se tornar global, portanto, fundar estabelecimentos em todo o mundo. Por isso, devemos pensar globalmente e agir localmente. Em Mt 28,19, Jesus diz a seus discípulos: "Ide, pois, fazei discípulos meus todos os povos..." Não é este também um mandato global?

Esqueçamos por um momento a mensagem cristã e consideremos o todo de uma perspectiva antes divertida: Quando deixo pessoas felizes com um tênis ou as deixo felizes ao tirar o seu medo com auxílio da religião, não se trata nos dois casos de um princípio semelhante? Nos dois casos, vende-se um produto. Certo ou errado: o que está em jogo é que as pessoas se sintam bem com isso. É claro que isso ocorre num nível bem distinto. Mas, nos Estados Unidos, um hambúrguer e um sacerdote são oferecidos na televisão de maneira parecida. Billy Graham e outros sacerdotes televisivos venderam religião e Deus e fizeram milhões com isso. Não pretendo ofender ninguém, mas penso que, pelo menos, alguns mercados religiosos se tornaram, entrementes, um *big business*.

Ora, podemos falar sobre as diferenças... A Bíblia diz também: "De que vale ao homem ganhar o mundo inteiro se vier a prejudicar a sua alma?" Portanto, é evidente que uma empresa pode contabilizar uma vitória ao alcançar o mundo inteiro com seus produtos; a religião, porém, não pode se dar por satisfeita só com isso. Na religião, a ênfase está antes na alma e na questão do que se pode oferecer ao mundo, em vez de refletir sobre o que se pode tomar dele.

Afinal, religião significa uma religação com Deus – ou com ídolos; trata-se, portanto, de restabelecer uma relação perdida, ao passo que no mundo econômico se trata de construir novas relações. E, por fim, o mundo econômico postula, pela propaganda, que existe uma relação fundamental entre as coisas e os produtos exteriores e a felicidade. A maioria das religiões afirma algo diferente. Elas dizem que a felicidade não significa ter mais, mas, antes, aprender a aceitar o que possuímos e ser grato por isso, não apenas no que concerne aos bens materiais, mas também no que diz respeito ao talento, à saúde e aos relacionamentos.

Enquanto, pois, existirem paralelos fundamentais entre várias formas de economia e religião, é certo que elas, no final das contas, são complementares. Quando no mundo econômico se trata de avançar a qualquer preço, então ele é até mesmo contraposto à religião. Porém, uma vez que, no caso ideal, a economia e a religião podem se complementar, é fantástico quando surge a possibilidade de uma aprender da outra.

Estou contente de poder aprender com o senhor.

ANSELM GRÜN • É verdade que, tanto para a economia como para a religião, pensar globalmente significa estar presente em todas as partes do mundo, sair pelo mundo afora e vender seus produtos ou sua mensagem. É uma semelhança. Acredito que a diferença consiste, entretanto, em que a religião não tem a pretensão de atrair os "clientes" dos concorrentes – das outras religiões –, mas anunciar a mensagem de Jesus em todos os lugares deste mundo de tal modo que todos estejam dispostos a ouvir, entender e aceitar essa mensagem. Nós seguimos o chamado de Jesus para a missão global, porque estamos convencidos de que sua mensagem é uma mensagem terapêutica para todas as pessoas, que ela acolhe seus anseios mais profundos e pretende libertá-las de temores e sobrecargas. Mas reconhecemos igualmente que também as outras religiões oferecem um amparo salutar para muitas pessoas e são uma boa orientação de como a vida pode dar certo. Nosso objetivo não é que todas as pessoas se tornem cristãos, mas que em todas as regiões desta terra vivam comunidades cristãs que, de certo modo, se tornem "fermento" deste mundo. A tarefa das comunidades cristãs é viver o Espírito de Jesus, para, dessa maneira, transformar o mundo e enchê-lo com mais esperança.

No século XIX, o modo de pensar das igrejas era similar ao das empresas com atuação global. Acreditava-se que só se teria êxito ao converter o maior número possível de pessoas ao cristianismo e ao acolhê-las na Igreja. Considerava-se que os adeptos de outras religiões estivessem perdidos para sempre. Essa convicção concedia uma energia enorme para os missionários. Porém, hoje, não podemos mais pensar dessa forma. Não se trata de atrair os "clientes" mutuamente, mas de vivenciar de tal forma a mensagem cristã que todos – também os integrantes de outras religiões – sejam tocados e reflitam sobre sua própria religião.

Na Ásia são frequentes os casos exemplares desse processo. Estive na Coreia e em Taiwan. Ali os budistas são considerados pessoas espirituais, ao passo que os cristãos se caracterizam sobretudo pelo seu engajamento social e sociopolítico. No diálogo entre cristãos e budistas, os cristãos redescobriram suas raízes espirituais e buscaram vivê-las. Os budistas, por sua vez, reconheceram que não basta só meditar para si, mas que se deve também agir sociopoliticamente. Hoje o que se discute é essa complementaridade recíproca.

JOCHEN ZEITZ • Sempre é salutar relativizar e questionar o sistema em que se atua. Visto de um ponto de vista genérico, a crise financeira global e a crise climática e outras crises ambientais nos revelaram, de maneira clara e inequívoca, os erros e as fraquezas do nosso sistema de livre mercado. Sem falar que ficaram bem visíveis também as fraquezas daqueles que abusam desse sistema exclusivamente para sua vantagem pessoal.

O escândalo que ocorreu neste ano na Igreja na Alemanha também expôs algumas fraquezas ocultas do sistema religioso. Embora sempre seja errado e injusto generalizar e "jogar a primeira pedra", devemos procurar examinar, de modo preciso e direto, os erros que cometemos, tirar nossas lições e tomar as medidas necessárias.

Como no diálogo entre as religiões, também podemos realizar nosso "desarmamento pessoal" no nível individual: A atitude sincera, correta e aberta faz com que não exerçamos uma influência ameaçadora sobre os outros. A sinceridade não é só a melhor tática, mas em vista das próprias fraquezas ela também tem um incrível potencial de desarmar. A evangelização do mundo em séculos anteriores tem seus lados negativos, assim como a globalização dos mercados hoje. Em nome delas se causou muita desgraça. Em princípio, a globalização tem, de fato, muitos efeitos positivos: aos poucos, ela desfaz as fronteiras políticas e intelectuais; as pessoas em todas as partes do mundo entram cada vez mais em contato umas com as outras e também no mundo do trabalho; na formação e na geração de renda surgem novas oportunidades por meio dela. Porém, toda vantagem tem também seu lado negativo. Para criar um mundo melhor, penso que deveríamos nos unir como pessoas globalizadas; não esquecer, nesse caso, nossas raízes e nossa procedência, mas protegê-las, tanto no aspecto biológico, como no cultural e social. Costumes e arte locais e regionais introduzem variedade de tons e talentos no quadro global, por isso eles devem obrigatoriamente ser mantidos.

Um dos programas da Puma inclui, por conseguinte, o apoio a artistas e eventos artísticos, por exemplo, para estabelecer relações em nível regional na África e fora da África através da Creative African Network e no Caribe através da Creative Caribbean Network. Em toda parte onde nossas empresas estão instaladas, temos grande interesse em reconhecer e incentivar as tradições nacionais e culturais, muitas vezes também em nosso próprio benefício.

Um dos problemas da globalização consiste em que ela foi impulsionada principalmente pelas nações industrializadas ocidentais, muitas vezes às custas dos países em desenvolvimento. Por conseguinte, a globalização pode conduzir não apenas à extinção de espécies, mas também à destruição de culturas e nações. Desde o início do "processo de conquista" global, o número das línguas faladas em todo o mundo já foi reduzido à metade. Hoje ainda existem cerca de 6.000 línguas faladas; destas, quase 3.000 estão em extinção. Se esse processo continuar nessa velocidade, em uma única geração terá desaparecido mais uma vez a metade de nosso legado cultural existente.

Wade Davis, um antropólogo canadense, considera as línguas da mesma maneira que um biólogo considera a diversidade das espécies: "Diferentes culturas representam diferentes pontos de vista acerca da própria vida, inspirados pela moral e naturalmente corretos. E essas diferentes vozes se tornam parte do repertório superior que a humanidade tem à disposição para superar desafios futuros". A diversidade, seja a das espécies ou a cultural, equilibra e estabiliza os sistemas. Não devemos nos desenvolver cada vez mais no sentido de um mundo genérico, completamente amorfo, em que as culturas desaparecem e a vida se torna cada vez mais monótona e padronizada. É verdade que a extinção de espécies e culturas sempre fez parte do desenvolvimento do planeta, mas é completamente inequívoco que a velocidade com que esse processo evolui hoje não é um desenvolvimento saudável. Portanto, a globalização significa ganho e perda.

3

ECONOMIA

A TRAGÉDIA DO DESPERDÍCIO

OS ANCIÃOS DAS TRIBOS INDÍGENAS relataram que seus avós choravam ao encontrar as manadas de búfalos abatidos nas planícies da América do Norte. Os Lakota e Sioux consideravam os búfalos os senhores das pradarias. Agora os animais decompostos, abatidos pelos colonizadores europeus, jaziam em montes imóveis. Caciques vivos hoje, como Luther Standing Bear, da tribo dos Lakota, e Thomas Littleben, da tribo dos Dine, recordam por meio da tradição oral essa tragédia.

Os anciãos choravam. Não era apenas a falta de respeito pela vida e pelo grande espírito, chamado também de Wonkantonka, que provocou essa tristeza, mas também esse incrível desperdício. Luther Standing Bear frisa que sua tribo, bem como muitas outras, jamais teria matado uma criatura tão imponente e magnífica sem ter uma utilização para o búfalo inteiro – seus chifres, seu couro e sua carne. O chefe nativo americano Foxtree, professor da Universidade de Massachusetts, confirma isso: Entre os *First Nations*, portanto, os povos indígenas ou nativos da América do Norte, não se derrubava uma árvore caso não se necessitasse obrigatoriamente de cada parte dela – a casca, a madeira e as folhas. Por causa dessa maneira de pensar, nunca se abatiam dois exemplares de búfalos, árvores, cervos ou outras formas de vida, se um exemplar fosse suficiente.

Com seu comportamento, esses povos personificavam, no melhor sentido, uma acepção do termo "economizar", isto é, obter um certo resultado com um emprego mínimo de recursos e com uma produção mínima de sobras. É uma ironia que hoje a economia esteja tão estreitamente ligada a imagens de gastos excessivos, endividamento exagerado, poluição ambiental e exaustão dos recursos naturais, quando, na verdade, a atividade econômica deveria propriamente contribuir para minimizar ou, até mesmo, evitar tudo isso.

A economia confirma o valor do enunciado de que "menos é mais". No caso ideal, a economia implica o máximo com o mínimo, sem sobras. Originalmente, portanto, economizar está estreitamente relacionado com o famoso dito do filósofo americano Henry David Thoreau: "Simplificar. Simplificar. Simplificar". Ainda que, do ponto de vista econômico, um único "simplificar" já fosse suficiente.

No passado recente, aos poucos se esqueceu que a economia pode ser mais o raio de esperança no horizonte e menos a nuvem escura sobre a sociedade. Originalmente se identificavam rapidamente as vantagens prateadas – e douradas – da vida econômica. Quando o primeiro homem a portar material publicitário andou pela região com um cartaz com os dizeres: "Batatas na fazenda do Max – dois centavos a caixa", e o segundo carregou um cartaz com os dizeres: "Batatas no armazém da Gretchen – um centavo a caixa", os dois homens prestaram um importante serviço à sociedade. Aqueles que sabiam ler ficavam sabendo onde obter batatas, e também que um fornecedor oferecia um preço mais barato, se não até um valor melhor. Portanto, na origem, a publicidade foi algo útil, a despeito do atual debate sobre propaganda e saturação.

Inicialmente, no mundo empresarial surgiram vantagens semelhantes. A criação de um negócio, um restaurante, um hotel, um moinho ou uma fábrica significava liberdade e a possibilidade de expressar a si mesmo. Ao mesmo tempo, se criavam, para outras pessoas, postos de trabalho e produtos úteis, como roupas, alimentos e utensílios. Na realidade, o termo "economia" (*Wirtschaft*) originalmente não estava associado às concepções dos investidores institucionais e da bolsa, mas, antes, à maneira de gerir e intercambiar mercadorias e renda nas famílias e no mosteiro. Quando os sumérios e babilônios desenvolveram aquilo que hoje consideramos uma economia nacional mais ampla, aqueles que estavam em condições de escolher com base num sortimento mais diversificado de provisões e bens de consumo básico tiveram muitas vantagens. Logo em seguida, outros se beneficiam do sistema de preço, de um índice de valor relativo com o qual compradores e vendedores podem comparar custos e classificar produtos.

Séculos mais tarde, Adam Smith, o primeiro economista de renome, viu a troca de mercadorias e moedas como parte de uma ordem natural. Segundo Adam Smith, os mercados eram regidos por uma "mão invisível", de modo que oferta e procura sempre se ajustavam perfeitamente uma à outra. Na opinião de David Hume – amigo de Smith e, a exemplo deste, um dos principais filósofos morais escoceses –, haveria, no final das contas, consequências sociais positivas se a sociedade e o comércio fossem determinados por objetivos pessoais e amor-próprio. Das intenções e da prosperidade do indivíduo poderiam resultar vantagens tanto comerciais como sociais.

O fator humano

Por outro lado, o símbolo do crescimento das economias maiores pode ser também a figura de uma nuvem escura e não a de um raio de esperança. Com o início da Renascença, o político Nicolau Maquiavel e, mais tarde, o economista Bernard Mandeville lembraram a seus leitores que um materialismo mais sombrio e a serviço unicamente dos próprios fins ocupou o lugar da economia original e naturalmente equilibrada. Havia se desenvolvido um mundo em que jogos de poder, cobiça e corrupção impulsionam redes aristocráticas, urbanas e industriais.

Mais tarde, muitos economistas, entre eles Adam Ferguson, Karl Marx, Thorsten Veblen e John Kenneth Galbraith fizeram referência aos perigos modernos e específicos da atividade econômica relacionada às economias industriais na época posterior à Renascença. Já naquela ocasião, como exemplos desses perigos – que ficaram ainda maiores com o passar do tempo – foram mencionados a concorrência desleal, a maximização dos lucros, o consumismo conspícuo, o crescimento empresarial sem escrúpulos, a enorme quantidade de lixo, a luta de classes por causa da divisão do trabalho e, de modo bem geral, a falta de responsabilidade das pessoas e das corporações.

Desde *O capital*, de Karl Marx, até o filme de Michael Moore *Capitalismo: uma história de amor,* os críticos do capitalismo desenfreado nos mostraram repetidamente os aspectos desumanos da economia de investimento, personificados por executivos desonestos em escândalos empresariais como Enron e trapaceiros financeiros como Bernie Madoff.

Por um lado, através de bens de consumo e de serviços se satisfazem necessidades, ainda que, nas últimas décadas, estas se tornassem cada vez mais especializadas e fossem cada vez mais intensamente ajustadas às culturas singulares e aos compradores individuais. Não obstante, a demanda por produtos é rapidamente extremada num hábito ou numa ambição. Por isso, os psicólogos nos sensibilizaram também para os subprodutos de uma sociedade do consumo: É verdade que o puro materialismo e um comportamento consumista exagerado parecem ser uma condição exterior, mas muitas vezes são expressão de compulsões, necessidades, ambição, medo e vazio interiores. Em muitas pessoas existe a necessidade de preencher esse vazio com o ato de comprar. Os psicólogos constataram que muitos consumidores, em vez de acordar dessa mania de colecionar coisas, parecem desenvolver um tipo de amnésia. Eles esquecem quem são, ao passo que o vício de acumular sempre mais torna-se cada vez mais intenso e eles se identificam cada vez mais com a parte da realidade que é comprável.

Por conseguinte, no século XXI, não se trata apenas de ávidos manipuladores que distorcem o mercado para seus propósitos sombrios. Antes, o que está em jogo também são as rotinas que às vezes cumprimos cegamente, como se pudéssemos encontrar nossa satisfação nos produtos a que aspiramos. No entanto, os consumidores nunca ficarão realmente satisfeitos, pois são necessárias quantidades cada vez maiores de álcool, cafeína, nicotina, açúcar e outras substâncias para satisfazerem aos vícios.

Como se isso não bastasse, os psicólogos constataram que a publicidade inclusive reforça a dependência humana dos produtos. Nos cartazes não consta mais "Batatas na fazenda do Max – dois centavos a caixa" e "Batatas no armazém da Gretchen – um centavo a caixa". Em vez disso, está escrito: Pringles, uma vez que você abriu, nunca mais conseguirá parar de comer! Nesse anúncio está a mensagem subliminar de que a propaganda não quer só vender um produto, ela quer também vender um vício. Afinal, a venda de um único pacote de batata quase não traz lucro. Mas quando se pode vender uma marca ou uma dependência, daí possivelmente resulta um aumento do lucro durante décadas. Uma criança que, em algum momento, provou uma vez um cigarro, talvez mais tarde fume, pelo resto de sua – reduzida – vida, de 50 a 100 maços por ano. A norte-americana Jean Kilbourne, especialista em publicidade, constatou que já nossos pais, como cidadãos do mundo ocidental, passaram dois anos de suas vidas vendo propaganda e desenvolvendo esse tipo de vícios. Nós mesmos passamos três anos de nossas vidas vendo anúncios comerciais, e nossos filhos assistirão aos comerciais durante quatro anos!

Também o executivo e, assim, eu mesmo deveria levar em conta esse fato. Apesar disso, no que diz respeito à Puma, estou convencido de que – exceto pelos impactos da nossa atividade econômica sobre o ambiente – não é prejudicial comercializar produtos têxteis e calçados, quando eles contribuem para que as pessoas se mantenham em boa forma física e se sintam fortalecidas em sua individualidade. Neste sentido, é claro que produtos têxteis e calçados são algo diferente de fumo e álcool. De modo geral, todos nós – executivos, profissionais de *marketing* e consumidores – somos chamados a lidar de modo responsável com o tema da obsessão do consumo.

Modelo empresa

Tanto a vida econômica como seu sempre mais importante acessório de nome *marketing* se modificaram. Nos anos de 1970, o economista John Kenneth Galbraith afirmou em sua obra *A moderna sociedade industrial* que o objetivo primário das corporações multinacionais não seria mais o lucro, mas o crescimento em si. Crescimento significa poder empresarial, maiores vantagens, mão de obra mais barata e acesso a recursos de vários países. Se o crescimento, além disso, fosse gerido racionalmente, a expansão e os lucros ampliados se refletiriam um no outro.

Hoje, as empresas cresceram de modo tão vigoroso que alguns presumem que as corporações têm mais influência que os governos. Com esse ganho adicional de influência, hoje o mundo econômico dispõe do potencial de ser tanto um catalisador social salutar como prejudicial. Empresas podem representar e reforçar o pior e o melhor numa sociedade. Uma empresa pode ser um modelo para outras ou, por outro lado, a maçã podre que contamina as outras.

Hoje sou da opinião que existem pelo menos três importantes campos sociais em que as empresas deveriam atuar como modelos sociais: na ética, no senso de responsabilidade e na sustentabilidade. Nestas áreas, elas podem dar uma contribuição melhor para o mundo como um todo. Esses temas são tão importantes que dedicamos um capítulo específico neste livro para cada um deles. No entanto, também se deve indicar que nenhum desses três âmbitos e tampouco a economia pode ser tratada de modo isolado das outras áreas. Pode-se desenvolver a atividade econômica e, desse modo, proporcionar maior sustentabilidade, assim como também se pode ser eticamente correto e, por conseguinte, assumir uma responsabilidade maior.

Que tal se, na vida econômica, perseguíssemos um enfoque mais rigoroso e consequente no tocante à ética, à responsabilidade e à sustentabilidade? A economia já agora contribui com muitas coisas boas para a sociedade: empregos, produtos, serviços. Que tal se, às vezes, os dirigentes econômicos também cooperassem para refletir sobre suas obrigações frente ao ambiente e à humanidade, em vez de apenas concorrer para maximizar seus ganhos?

Um exemplo: No ano passado [2010], a Puma e a Adidas, duas fabricantes de artigos esportivos e concorrentes, deram um passo uma ao encontro da outra. Depois de quase não ter havido contato anterior entre nossas empresas e a relação ter sido bastante reservada, meu colega Herbert Hainer, diretor-executivo da Adidas, e eu estendemos simbolicamente a mão um para o outro. Nossos funcionários formaram equipes mistas de futebol para um torneio amistoso. Dessa maneira, fizemos nossa pequena parte para o Dia Internacional da Paz das Nações Unidas, celebrado anualmente no dia 21 de setembro em mais de 190 países. É um dia destinado a propagar um convívio harmônico e não violento – não apenas entre as nações, mas também nas famílias, entre os vizinhos, conhecidos e colegas.

Em face da história anterior de nossas empresas, pareceu-nos ser uma boa ideia celebrar conjuntamente este dia. Uma exasperada desavença entre irmãos levou, em 1946, à divisão e, alguns anos mais tarde, à cisão da empresa familiar conjunta, dando origem às duas empresas de materiais esportivos concorrentes – e também dividiu os habitantes da localidade de Herzogenaurach em dois campos. Essa ruptura permaneceu por décadas. Ainda quando eu comecei a trabalhar na Puma havia o açougueiro do qual somente nossos funcionários compravam, ou os restaurantes frequentados apenas por funcionários da Adidas. Embora as famílias de fundadores em conflito não estivessem mais no comando há muito tempo, quase não havia contato entre as empresas, apesar da proximidade física; eu mesmo vi meu colega diretor exatamente duas vezes em 17 anos. Ele já havia sinalizado anteriormente que também tinha interesse em distender a relação. Desse modo, logo concordou quando lhe telefonei no ano passado e lhe propus a iniciativa de paz. Ela foi um completo sucesso para todos os participantes. Desde este dia, nossas relações estão bem mais tranquilas.

Para a Puma e, em primeira linha, para mim como diretor-geral, é claro que sempre foi importante deixar os nossos acionistas satisfeitos. Além disso, também pretendia criar uma visão claramente definida da Puma. Ela deveria funcionar como um modelo econômico, social e ambiental abrangente, motivo pelo qual muitas pessoas foram envolvidas na configuração dessa visão da nossa empresa. Quando dirigentes e empregados se sentem conjuntamente responsáveis e competentes, valores coletivos também são vividos.

Na realidade, uma das áreas mais importantes de uma empresa é exatamente a atmosfera em que se trabalha. Um clima de confiança, de criatividade, de segurança, de sinceridade, de cuidado, de paz e de valores semelhantes garante naturalmente uma economia empresarial melhor. Na verdade, nas crises administrativas e nos processos empresariais desviamos a atenção dessas questões, mas elas deveriam ser sempre o tom principal, que está em primeiro lugar. Quando a atmosfera ou o clima proporciona a unidade da equipe, pode-se identificar e gerir os problemas da perspectiva correta.

No mundo corporativo, muitas vezes se designa essa ideia do clima social de *Doing well by doing good*, em português, algo como, "fazer bem faz bem". As empresas que se engajam em retribuir algo para a sociedade por meio da filantropia, do contato com a comunidade e da assistência, fortalecem suas redes e criam melhores relações públicas e uma ligação mais sólida com os clientes.

Cada um colhe o que semeia

"Colhes o que semeias" é um dito bem conhecido. A metáfora do semear e colher se origina do âmbito cultural judaico-cristão. Em quase todas as culturas e religiões há uma formulação que acolhe essa ideia. No mundo oriental, a lei do assim chamado carma significa que tudo o que se faz ou deixa de fazer nesta vida terá uma consequência correspondente na próxima vida. Entre os povos indígenas, essa máxima muitas vezes foi expressa de maneira ecológica: "Assim como tu tratas a mãe terra, no final também serás tratado pela mãe terra". Em inglês, essa máxima é mais conhecida na variante coloquial: *What goes around, comes around*, portanto, "O que fazes, algum dia retorna para ti".

Quer se prefira a formulação científica da lei de Isaac Newton – de que toda ação provoca uma reação oposta de igual intensidade – ou as versões religiosa e indígena dessa experiência básica do ser humano, a longo prazo ela é o cerne de uma equação econômica. Na variante de Ralph

Waldo Emerson, o princípio pôde ser expresso da seguinte forma: "Obtêm-se uma resposta do cliente (reação) e sucesso na razão direta da qualidade do produto ou do serviço oferecidos (ação)".

Essa regra pode ser ampliada ainda mais: Um país, uma empresa ou uma sociedade propiciará a felicidade e a satisfação de seus clientes ou cidadãos em relação proporcional com a qualidade do negócio – das artes, da formação e de outros elementos – que ele ou ela oferece. Na verdade, uma empresa pode se opor a essa regra no curto prazo, mas, se for corrupta, em algum momento se arruinará por causa disso. Assim como ocorreu com o conglomerado falido Enron, cujo grupo dirigente planejou sistematicamente e, durante anos, falsificou os registros contábeis de forma altamente criativa e, por isso, desencadeou em 2001 um dos maiores escândalos econômicos dos Estados Unidos. Dito mais uma vez, de forma concisa: Colhe-se o que se planta. Afinal, toda ação provoca uma reação contrária.

É exatamente o que os nativos da América, da Europa e da África e também os aborígenes da Austrália aprenderam da natureza: Quando só se tira dela, algum dia ela irá se vingar. Porém, nós esquecemos esse princípio. E negócio após negócio, empresa após empresa tomaram mais da terra do que deram a ela. Trimestre após trimestre, ano após ano, as pessoas esperam mais crescimento da economia e das empresas; mas nosso planeta não cresce, e nossos recursos desaparecem.

A colheita atual em forma de *bail-outs* – resgates – de bancos e empresas arruinados e de economias nacionais falidas foi tanto trágica como era também previsível. Os bancos e a comunidade de investidores tomaram mais do que deram. Títulos comerciais sem valor, derivativos de ações, títulos não mais lastreados em ouro e dívidas estatais inimaginavelmente elevadas que, em parte, foram maquiadas com artifícios financeiros: tudo isso indica que muitos setores e governos – não só indústrias de matérias-primas – tomaram demais.

É lamentável e ilógico que muitas vezes só se proponha ainda mais consumo como resposta a e para uma economia em contínuo crescimento. Acho assustador quando escuto um influente banqueiro internacional dizer que, na sua opinião, o sistema financeiro logo será impulsionado de novo pelo oportunismo da mesma forma que antes da crise econômica. Por conseguinte, a chave para a compreensão da economia é o conhecimento de que ela não pode existir isolada como "a economia". Nada pode existir num vácuo – todos nós esquecemos disso com muita frequência. Não se consegue examinar um órgão fora do corpo humano sem que ele morra e, assim, modifique seu peso e sua cor. E, da mesma maneira, tampouco uma economia existe como um mundo isolado. Ela existe somente no interior das realidades cotidianas da vida humana.

Num contexto isolado, jamais se conseguirá entender a economia completamente, por mais brilhante que o modelo possa ser. O que uma economia, uma empresa, um diretor ou um cidadão *dá* ao ser humano e à terra desencadeia uma reação positiva no contexto global e urbano. O que uma economia, uma empresa, um diretor ou um cidadão *toma* do ser humano e da terra provoca uma reação negativa neste contexto. Até o momento, nada e ninguém puderam se opor a esse princípio. Afinal, este também é um motivo do pranto dos anciãos indígenas ao verem o extermínio em massa dos búfalos. Estavam transtornados pelo incrível desrespeito à vida, chocados com o inconcebível desperdício, profundamente entristecidos pela perda de seu amigo, do imponente e nobre búfalo, e abalados com a ofensa contra a cultura e a tradição dos nativos americanos. Porém, todo esse choque e esse terror não representavam nada em comparação com o conhecimento dos anciãos de que existia uma nova e dominante espécie de ser humano que migrou pelas terras, que não tinha compreensão para o princípio universal e nem estava em harmonia com a natureza.

Em face de nosso atual ciclo de declínio caracterizado pelo colapso econômico e pela desordem ecológica, os temores proféticos dos anciãos tribais parecem ter se tornado realidade também entre nós.

Porém, ainda não é tarde demais para aprender com os anciãos: Há ciclos na economia, assim como há ciclos na natureza. Na Puma, teremos de nos esforçar ainda muito mais e em parte reorientar-nos completamente para aprender a administrar melhor a atividade econômica no interior dos ciclos e das leis da natureza. Quando nosso próprio enfoque seguir a lei de Isaac Newton, tudo o que nós oferecermos – melhores produtos, melhor proteção ambiental, melhor engajamento social, melhores serviços aos clientes – a longo prazo provocará automaticamente um ciclo positivo. A fim de nos conscientizarmos disso repetidamente, é tempo de, entre outros passos, mensurar ganhos e perdas de modo diferente dos padrões financeiros existentes. Devemos aferir integralmente quais os ganhos e as perdas para a terra e para a comunidade que resultam, de fato, do nosso agir, dos nossos negócios e da economia.

Gostaria de trabalhar num tal enfoque junto com economistas e ambientalistas. Um enfoque que inclua, entre outros aspectos, os custos que decorrem do uso do e do impacto sobre o capital natural da terra, ou seja, aquilo que a terra nos coloca à disposição em termos de recursos naturais. Além disso, temos de aprender como mensurar, avaliar e compensar o benefício obtido com os nossos negócios e o crescente consumo de serviços ecológicos – portanto, os serviços que a natureza e seus sistemas naturais colocam à nossa disposição gratuitamente – e os danos que causamos com essas atividades. Aferidos devem ser os custos reais e integrais para o planeta e para a sociedade – inclusive as sobras resultantes do aproveitamento apenas parcial dos produtos naturais. Muitas sobras ocorrem, por exemplo, na fabricação, que não retornam mais ao ciclo da natureza e, desse modo, não contribuem para manter o equilíbrio ecológico.

Os limites da economia de mercado

Desde tempos imemoriais, tudo e todos precisaram de regras. É o que já ficou evidente nos dez mandamentos da Bíblia, no *Codex Hamurabi* ou nas antigas regras do *kapu* ou *tabu* dos grupos indígenas. Todos os três regulavam o convívio nas comunidades humanas antigas. Temos a consciência de que precisamos regras para sobreviver, sentimos isso também inconscientemente quando nos encontramos numa região ou zona que não é segura por causa da falta de regras.

A economia de livre mercado nos trouxe muitos benefícios. Ela nos ajuda a ajustar uma a outra oferta e procura, por meio da promoção de uma concorrência criativa, para melhorar os produtos e serviços e manter os preços para os clientes num nível adequado. As pessoas podem se sentir livres para, elas mesmas, atuarem de modo criativo. O livre mercado oferece muitas oportunidades para que os comerciantes e trabalhadores desenvolvam de modo responsável sua criatividade autônoma. Temos a liberdade de desenvolver produtos e serviços, influenciar o estilo de vida, estabelecer uma clientela e obter renda.

No entanto, o livre mercado também precisa de regras, ou seja, leis para que certos conhecimentos possam ser implementados de modo eficaz. Apesar de todo seu poder e vigor, o livre mercado é apenas instrumento e servidor. Ele é um péssimo governante e, em nenhuma hipótese, é uma religião. Qual é o outro fator que obriga, por exemplo, as empresas tabagistas a contarem aos consumidores a verdade sobre seu consumo, a não ser regras, ou seja, leis? E quem, a não ser os reguladores, dirá às companhias petrolíferas que elas devem se tornar sustentáveis, quando não reconhecem isso por si mesmas?

Embora atraente na teoria, um livre mercado sem regras é, na prática, tão pouco implementável quanto uma sociedade sem leis. Considerando que, no momento, o mercado está sobrecarregado por causa de uma liberdade regulatória excessiva em várias áreas com graves consequências negativas, indaga-se pelo motivo da ausência de medidas sistemáticas para atenuar essa situação.

Os cientistas dos Estados Unidos Boyd Cohen e Monica Winn indicam diversos tipos de falhas do mercado como possível explicação: Ao passo que as receitas da utilização do capital social e natural são privatizadas, os custos reais muitas vezes não recaem sobre as pessoas responsáveis, ou seja, as empresas, mas sobre a sociedade em geral. Além disso, o capital natural muitas vezes é subestimado pela sociedade, visto que ela não está inteiramente consciente dos custos reais da exploração do capital da nossa terra. Adicionalmente, a conexão entre causa e efeito muitas vezes está oculta, motivo pelo qual os que atuam têm dificuldade em tomar decisões adequadas. Os dois cientistas chegam à conclusão de que muitas empresas, em oposição à teoria da atividade econômica, não obtêm a melhor utilização possível dos recursos, porque estão presas à mentalidade do "Nós sempre fizemos isso dessa maneira".

O capitalismo tradicional atinge um estado de *burnout*, pois pressupõe crescimento contínuo, contínuos recursos disponíveis, infinita mão de obra barata e novos mercados. Esse antigo paradigma capitalista foi limitado pelo que a pensadora do MIT (Massachusetts Institute of Technology), Donnella Meadows e seus colegas chamaram de os "limites do crescimento": Há limites de dívidas que ainda podem ser cobertos e limites de recursos que podem ser consumidos, antes que o sistema, literalmente, fique sem ar.

Por outro lado, o assim chamado ecocapitalismo de Paul Hawken e Amory e Hunter Lovins nos Estados Unidos postula a possibilidade de um novo sistema industrial e se baseia inteiramente em outras estruturas conceptuais e valores. As hipóteses principais do novo ecocapitalismo abrangem conhecimentos relevantes: Em primeiro lugar, o ambiente não é um local de realização da fabricação de produtos, mas o invólucro em que tudo – produção, pessoal, recursos e sistemas econômicos – está contido. Em segundo lugar, o desenvolvimento econômico depende do autêntico capital natural e sustentável, portanto, dos recursos que permanecem inseridos nos ciclos e processos constantes da terra. Em terceiro lugar, existe um problema com a economia quando erros e problemas humanos, como, por exemplo, a avidez da atividade econômica e o abuso ambiental devem ser corrigidos e eliminados para que o capitalismo com crescimento econômico se torne benéfico à ecologia. Por fim, o número de habitantes da terra aumenta imensamente. Desse modo, surge um excesso de "recurso humano", ao passo que os demais recursos da terra, em medida inversa, desaparecem aos poucos.

Assim como para um peixe a água em que ele nada é algo evidente, nós seres humanos pressupomos inconscientemente como algo evidente o capital natural: o ar puro, a água, a terra, os minerais, os químicos, os sistemas e ciclos naturais necessários à vida e a uma economia saudável. Somente quando no capitalismo a natureza for estimada e valorizada de maneira idêntica ao crescimento econômico e ao capital excedente, ele poderá se tornar novamente um componente integrado e equilibrado de todo o sistema "terra".

Se retomarmos a ideia fundamental de "atividade econômica", como a ilustrei no início desse capítulo, então reconheceremos: O crescimento econômico e a natureza não podem nem devem mais estar em conflito. Na forma de um novo ecocapitalismo, a economia e o ambiente podem e devem existir numa simbiose; é possível um aproveitamento econômico dos recursos, como o conhecido e vivido pelos povos da natureza, e, por consequência, uma produtividade máxima da utilização dos recursos.

Para alcançar isso, também é obrigação e tarefa do mercado – apesar da sua motivação de olhar para novas oportunidades econômicas – compreender quando e onde ele não funciona ou é utilizado de maneira equivocada. Devem ser escolhidas as medidas corretas e, na melhor das hipóteses, aprovadas regras e leis globais que auxiliem as empresas a agir melhor e de modo mais sustentável e ao mesmo tempo a conservar suas energias e sua vitalidade. Aqui são necessárias medidas de correção, de iniciativa dos governos e das Organizações Não Governamentais.

Isso não deve significar, por exemplo, que nosso objetivo último deva ser a estigmatização das empresas a fim de levá-las a uma reorientação. Porém, se as corporações multinacionais que dispõem de um poder enorme direcionassem mais esse poder e essa energia para conservar a natureza em vez de suprimi-la, que oportunidades resultariam dessa iniciativa!

Os anciãos tribais choraram, porque, para além da morte dos rebanhos de búfalos, viam chegar ao fim o equilíbrio entre o ser humano e a natureza. Se alguma coisa pode deixar as empresas e a economia saudáveis e robustas é a valorização e a restauração renovada desse equilíbrio.

Jochen Zeitz

Monge e executivo em diálogo

♦ ♦ ♦

ANSELM GRÜN ♦ Concordo com o senhor que o puro capitalismo, voltado apenas para a maximização dos lucros e avesso a regras, é prejudicial ao futuro do nosso mundo. A crise financeira mostrou o que acontece quando o capitalismo abandona os valores e premia apenas a ambição e as pretensões desmedidas de mais lucro. No mundo, existem pessoas em número suficiente que negligenciam os valores, como descritos pela filosofia grega e pelas religiões mundiais, a fim de ter vantagens competitivas. Dever-se-ia supor que a sociedade espontaneamente desaprovasse tais pessoas e não lhes desse chance. Mas lamentavelmente esse não é o caso, porque exatamente o capitalismo financeiro se torna cada vez mais anônimo. Pode-se boicotar uma empresa que produz seus produtos sob condições de produção desumanas e pretende vendê-los por meio de uma campanha publicitária contraposta à dignidade humana. A longo prazo, ela não tem chance. Porém, no mercado financeiro, os clientes muitas vezes sequer sabem com quem estão lidando. Portanto, exatamente aqui é preciso uma regulação clara, do contrário forças destrutivas e degradantes agem anonimamente.

A crise financeira mostrou que não conseguimos sobreviver sem valores. E, por conseguinte, é nossa tarefa examinar repetidamente todas as nossas atividades econômicas à luz dos valores que servem de base para a nossa ação. Além disso, temos de promovê-los para que as pessoas percebam que os valores são mais importantes que as vantagens financeiras de curto prazo.

Quando, por exemplo, a economia deixa o cuidado dos trabalhadores demitidos a critério apenas das religiões, aquela se aproveita destas. A economia deve viver, ela mesma, os valores anunciados pelas religiões. É certo que as religiões – e naturalmente também os mosteiros – têm a tarefa de se preocupar com as pessoas que fracassaram profissionalmente, cujos sonhos de uma vida plena se despedaçaram. Mas seria muito barato se elas devessem existir apenas para colocar "curativos religiosos" nas feridas provocadas pela economia. A preocupação com aqueles que não receberam o suficiente, que foram tratados injustamente, deveria sempre conduzir também à ação sociopolítica. As religiões e os mosteiros têm a responsabilidade de, a partir de sua experiência com os fracassados, cuidar para que as relações nas empresas se tornem mais humanas. Jesus nos presenteou um espírito profético. Esse espírito se expressou no Antigo Testamento quando os profetas denunciaram relações associais e conclamaram à justiça. Também hoje as igrejas têm a missão de denunciar estruturas e tendências na sociedade que diminuem a vida e prejudicam as pessoas.

JOCHEN ZEITZ • Sem dúvida: As empresas têm obrigações, não só no que diz respeito à relação com seus funcionários e com os demitidos. Elas também devem tomar a peito valores fundamentais para contribuir para a solução dos principais problemas. Não podemos esperar que os governos resolvam sozinhos a miséria na natureza e na sociedade, cujos causadores são, em primeira linha, a economia e a sociedade conjuntamente.

Como Paul Hawken percebeu acertadamente, existem alguns fatores relevantes que cabe levar em conta nesse caso. Em primeiro lugar, os diversos setores econômicos estabeleceram um esquema de *lobby* influente em vários países e continuam a apoiá-lo com muitos recursos. O Presidente Obama fez várias referências a isso, por exemplo, no marco de seus esforços abrangentes de intensificar a regulação dos mercados financeiros. Em segundo lugar, muitos governos são eleitos apenas para um mandato de alguns anos e, por conseguinte, frequentemente conseguem pensar apenas com o olhar voltado para as próximas eleições, o que limita sua capacidade de pôr em prática uma mudança real. Em terceiro lugar, tornamos um hábito nosso transferir tarefas de ordem política para o estado como árbitro neutro, o que deixou de funcionar nos tempos da globalização. Por fim, toda nação tem seu interesse em não sobrecarregar exageradamente as próprias empresas. A Grã-Bretanha, por exemplo, não quer uma regulação estrita dos mercados financeiros, uma vez que daí dependem muitos postos de trabalho em Londres. Os Estados Unidos protegem os interesses de suas indústrias petrolífera e agrícola; a Alemanha rejeita padrões ambientais mais rígidos por causa de sua indústria automobilística, especialmente para carros de luxo, e o Japão defende sua cota de pesca de atum vermelho contra as exigências da organização de proteção das espécies *Cites*. De modo correspondente, hoje dificilmente é possível implantar mais do que padrões mínimos no plano internacional. Mercados globais precisam, portanto, uma vigilância global sem lacunas regulatórias. No entanto, espero que essas restrições nem sempre sejam determinantes. Espero que novas estruturas conceptuais e uma nova consciência do que fazemos e do que devemos fazer encontrem seu espaço nos debates eleitorais, assim como deveriam encontrar seu espaço nos conselhos administrativos em todo o mundo.

No mundo atual, no entanto, os limites do poder político ficaram evidentes por ocasião da Conferência do Clima de Copenhagen no final de 2009 e do evento seguinte em Bonn, no verão de 2010. O resultado das conferências, que em geral não foi um resultado, é o triunfo do interesse privado sobre o interesse público. Apesar disso, em Copenhagen foi criada pela primeira vez uma autêntica consciência global que, assim acredito, conduziu a uma tendência irreversível que se desenvolverá com o tempo. Creio que, num futuro não muito distante, deverá ser e será lei que toda empresa aja de modo sustentável. Se ela então não conseguir fabricar um produto com sustentabilidade *cradle-to-cradle*, mais limpa, mais verde – portanto, num ciclo fechado, sem restos e sem desperdício –, deixará de receber permissão para, em geral, fabricar o produto. Imagino uma sociedade futura em que uma empresa não receberá licença para, em geral, funcionar se ela não for capaz de fabricar um produto sem explorar as pessoas e os recursos. Tudo que fizermos, tudo que produzirmos e consumirmos e todo modelo de produção e consumo de energia terá como base esse novo paradigma – limpo, verde e sustentável. Para isso, é imprescindível a aliança de um governo responsável com um empresariado ético e sustentável. No entanto, ela deve se basear numa nova maneira de fazer negócios, em vez de só em regulamentações para tapar alguns buracos.

ANSELM GRÜN • Na minha opinião, o resultado da conferência de Copenhagen foi decepcionante. No entanto, eu tampouco perco a esperança de que ela também teve um sentido. Os governos dos diferentes estados viram claramente qual é o resultado quando cada um segue apenas seus próprios interesses e quando os lobistas apenas buscam obter vantagens próprias. Ela revelou os limites dos diálogos globais. Mas confio que justamente o reconhecimento da derrota desenvolverá nas pessoas uma nova força de enfrentar os problemas coletivos também de forma coletiva. Neste aspecto, minha concepção de religião desempenha um papel relevante: Ela muda a atitude frente ao mundo e à própria atividade econômica. Neste ponto, precisamos de uma reorientação. Jesus a chamou de "conversão". O termo grego para conversão chama-se *metanoeite*. Significa simplesmente: "Repensa, pensa diferente, leva em conta o outro lado do teu agir, leva em conta as consequências da tua ação". Às vezes, é preciso um fracasso para que realmente nos convertamos e repensemos. Quando nossas conversas sempre têm sucesso, corremos o perigo de nos acomodar em nosso pensamento de sucesso e ignorar muitos aspectos que ainda devem ser considerados. Para que os governos dialoguem uns com os outros de maneira diferente, muitas coisas devem se modificar inclusive e precisamente nas cabeças dos eleitores. Eles não podem mais pensar unicamente na própria vantagem, mas devem ter em vista, no futuro, também a responsabilidade pelo mundo inteiro, ao se dirigirem às urnas eleitorais.

JOCHEN ZEITZ • Por que no futuro as empresas não deveriam cooperar também mais intensamente entre si nas áreas ambiental e social, a fim de somarem forças em prol de um objetivo comum? Ao menos uma vez, deveríamos nos perguntar seriamente por que não poderia existir algum dia um movimento conjunto de empresários por um mundo melhor, como United Corporations for a better World. Acredito firmemente que uma cooperação é possível. Céticos sempre existiram; não devemos nos deixar desencorajar por eles. Estou convencido de que as pessoas, antes da fundação das Nações Unidas, também disseram que essa ideia era ingênua. Cinicamente, falaram mal da organização, dizendo que ela logo se dissolveria – assim como a Liga das Nações ou a UE em sua crise atual. Os

Irmãos Wright tiveram de escutar que sua ideia das asas "voadoras" de metal ou de lona era absurda. Céticos religiosos lhes disseram: "Se Deus quisesse que o homem voasse, ter-lhe-ia dado asas". Muitas ideias começaram em pequena escala, antes de se tornarem grandes ou "decolarem". Uma fagulha pode provocar um incêndio de grandes proporções. Às vezes, um simples aperto de mão basta para repentinamente mudar a direção de uma longa história. Em todo caso, não há dúvidas de que no mundo de hoje a cooperação e o diálogo são necessários.

O mesmo se aplica ao otimismo e à persistência: Pode-se começar em pequena escala, mas nem ao menos tentar não é uma alternativa. Muitas empresas não utilizarão sua energia criativamente e aplicá-la-ão exclusivamente para se opor à mudança. Por que não defender a natureza? Creio, portanto, que podem haver soluções não só individuais, mas também coletivas, contanto que transcendam as fronteiras, sejam inclusivas e abertas e não sejam sustentadas apenas por interesse nacionais. Tomemos como exemplo o assim chamado Green Exchange da companhia Nike. Junto com outras organizações como Yahoo, Best Buy e Creative Commons, a Nike anunciou que "pretende cooperar e partilhar propriedade intelectual que possa conduzir a modelos empresariais inovadores". Como disse uma vez Kofi Annan, ex-secretário-geral das Nações Unidas: "Cada um de nós pode pôr algo em prática, e juntos podemos dar uma contribuição fundamental".

A Puma também cria oportunidades de cooperação com outras empresas, Organizações Não Governamentais, artistas e cineastas, a fim de fomentar projetos como o documentário cinematográfico *Home*. Por conseguinte, não é ingênuo admitir que as empresas possam trabalhar em cooperação. É bem mais ingênuo acreditar que o velho paradigma empresarial isolacionista ajudará nosso planeta.

Uma coisa que aprendi e sempre respeitei durante a minha vida é: Se não tentares, simplesmente não acontecerá (a não ser que alguém outro faça). Não importa quão pequena ou grande é uma ideia, pelo menos deves tentar coisas novas. Como a vida, toda nova ideia é uma viagem em que não sabes para onde ela irá te levar. Para mim, toda vez ela é como uma aventura e uma descoberta.

ANSELM GRÜN • Lamentavelmente, ainda é comum que as empresas, em sua maioria, guardem para si os seus pontos fortes e os seus segredos empresariais e esperem tirar daí vantagens competitivas. Sabemos que também no passado já houve uma série de exceções positivas. Já no século XIX, Friedrich Wilhelm Raiffeisen fundou o sistema de cooperativa. Ele reconheceu que os camponeses seriam beneficiados se vendessem seus produtos coletivamente e se pudessem utilizar para si os recursos da cooperativa – tanto os créditos dos bancos Raiffeissen como as compras conjuntas.

Na época atual é preciso novos modelos de cooperação entre as empresas. A investigação conjunta de métodos de produção sustentável beneficia a todos. No entanto, as empresas poderão cooperar apenas se, por um lado, forem determinadas pelos mesmos ideais e, por outro lado, não realizarem os próprios negócios às custas dos outros. Isso requer a atitude propagada pelas religiões: não colocar o próprio ego no centro, mas o objetivo por causa do qual o interesse próprio fica em segundo plano. Quando se trata do objetivo comum da conservação da natureza, as empresas também poderão atuar conjuntamente frente àquelas que continuam a desenvolver a atividade econômica sem levar em conta a sustentabilidade. E elas criarão um clima que a longo prazo tira a base das empresas que agem desrespeitando o ambiente. Desse modo, elas moldarão conjuntamente o mundo e, no final das contas, todos serão beneficiados.

JOCHEN ZEITZ • Talvez isso também se aplique à cooperação entre economia e religião. Acredito plenamente que esses dois mundos podem se beneficiar um do outro, que fé e consumo não necessariamente se excluem mutuamente. Até o momento, entretanto, muitas vezes uma se desenvolve às custas da outra. A fé pode ter tanto uma influência positiva como negativa sobre a nossa maneira de consumo. Sem uma fé, o consumo pode se tornar uma religião em si, o que não é útil. Em condições ideais, a fé e o consumo se complementam e se equilibram mutuamente.

É evidente que um determinado comportamento de consumo pode se tornar um vício e levar a uma redução desenfreada dos recursos. Por conseguinte, não defendo o consumo excessivo que conduz a doenças e a muitos outros problemas na sociedade. Antes, apoio um equilíbrio saudável entre as áreas material e espiritual, pois ele leva, no final das contas, também a um ganho de saúde. Por fim, não queremos privar nossos filhos dos presentes debaixo da árvore de Natal (ou do dinheiro da *chanuca* junto ao seu *menorá* ou algo similar em outras tradições). Não se trata de suprimir o mundo material, mas de transmitir com esses presentes um sentimento de magia e a recordação de algo maior. Aristóteles defendeu o assim chamado "meio-termo" na vida. Com isso ele tinha em vista que deveríamos escolher em nossa vida o caminho do meio entre escassez e excesso. Por exemplo, a reprodução excessiva leva à superpopulação. No entanto, a ausência total de reprodução significaria o desaparecimento completo da nossa espécie. De forma similar, um excesso de consumo leva à obesidade, ao vício e a outros males. No entanto, a falta de consumo significa anorexia, fome e miséria ascética. Os bens materiais nos foram concedidos para que nos alegremos com eles, não para que os usemos de modo indevido.

ANSELM GRÜN • À primeira vista, fé e consumo parecem ser, de fato, opostos, pois à fé sempre pertence também a ascese. Mas ascese não significa que se negue a vida e o desfrute. Renunciar, segundo Sigmund Freud, leva ao desenvolvimento de um eu forte. Quem precisa satisfazer imediatamente qualquer necessidade, torna-se escravo de suas próprias necessidades. Dele não partirá muita vida, e ele no fundo tampouco estará em condições de desfrutar a vida e os alimentos. A longo prazo, saberá desfrutar somente aquele que também sabe renunciar.

A alegria de viver e o desfrute pertencem inteiramente à fé. É o que revelam as ilustrações do Antigo Testamento ao descreverem a vida eterna como uma festa alegre com ricas comidas e vinhos antigos. É o que mostra também a conduta de Jesus que, como sabemos, não era um típico asceta. Seus adversários o chamaram até mesmo de "comilão" e "beberrão", porque Ele comeu e bebeu com o cobrador de impostos. Hildegard von Bingen, a freira curandeira e mística medieval, diz que disciplina é a arte de sempre poder se alegrar.

Certamente, há movimentos no cristianismo que enfatizam a pobreza e a colocam no centro de tal modo que ela se torna negação da vida. São Bento não fala de pobreza, mas de simplicidade e frugalidade. À fé pertence o jejuar e o renunciar, mas também o festejar, por exemplo, nas grandes festas do ano eclesiástico. E justamente a cultura monacal estimulou a produção em geral na Idade Média, não só no que diz respeito à construção, mas também no que se refere ao refinamento culinário e, em consequência, à produção de ingredientes. Os monges não só produziam vinho, mas também faziam cerveja. No entanto, Bento adverte sempre diante do excesso. A longo prazo, o monge somente pode desfrutar se estiver disposto a guardar períodos de renúncia – como, por exemplo, o período de jejum de quatro dias.

No que diz respeito ao crescimento, isso significa: não se trata de crescimento quantitativo, mas crescimento qualitativo e moderado. Isso se aplica também aos produtos que adquirimos. Tem pouca serventia comprar cada vez mais coisas, a fim de encher nossas residências. Somente aquilo que torna nossa vida digna de ser vivida, aquilo que nos dá alegria, é realmente bom para nós a longo prazo.

4

Prosperidade

A BÍBLIA NOS DIZ: Deus quer que o ser humano esteja bem na terra, que ele tenha suficiente prosperidade, de modo que possa viver em paz e encontrar sua felicidade. Nas oito bem-aventuranças, Jesus descreveu uma vereda de oito partes – semelhante à vereda de oito partes de Buda – que indica como nossa vida pode dar certo e como podemos alcançar a felicidade. Ele não promete um mundo restabelecido. O ser humano se torna feliz apenas quando vive em harmonia consigo mesmo e com seu destino, quando é honesto consigo mesmo e com seus semelhantes e se torna livre de dependências. Jesus coloca o reino de Deus no centro. Quando Deus reina no ser humano e não o seu próprio ego, ele se torna verdadeiramente livre e se transforma no ser humano tal qual Deus o havia criado. Então, ele está bem.

Orientado por esse ensinamento, São Bento elaborou uma clara regra que ordena a existência dos monges de tal modo que possam viver bem uns com os outros e que eles mesmos tenham gosto pela vida. No centro está, neste caso, a saúde mental e corporal: Bento dá valor a um ritmo diário saudável que corresponde ao biorritmo do ser humano, e à medida certa na alimentação, na oração e no trabalho. A "sábia moderação" é, para ele, a virtude superior. Ela ajuda o monge a ter sucesso na vida e a estar bem. No entanto, faz parte disso também a renúncia a uma vida exuberante. Bento se situa na tradição ascética do monacato. Segundo ele, a ascese é o exercício na liberdade interior. É surpreendente que precisamente as comunidades que viviam uma ascese saudável não só levavam uma vida sadia, mas também alcançavam uma certa prosperidade exterior. É o que revelam principalmente os mosteiros cistercienses, que davam ênfase especial à ascese e estavam entre os mosteiros mais ricos da Idade Média. Porém, esse desenvolvimento fica claro também na história da economia: As elites que tinham êxito econômico e que também marcaram a sociedade sempre foram elites ascéticas.

O primeiro-ministro da economia do pós-guerra, Ludwig Erhard, prometeu prosperidade aos alemães. Depois das privações resultantes das duas guerras mundiais a prosperidade era que todas as pessoas ansiavam. Prosperidade significa aqui o bem-estar do ser humano, isto é, a despreocupação com o fato de dispor dos meios suficientes para a vida e não padecer com a privação. Mas a prosperidade material não é a única condição para o bem-estar do ser humano. Para que ele esteja bem, é preciso também uma boa convivência social, segurança, uma perspectiva de futuro e o sentimento de que a própria vida tem sentido. E é preciso saúde.

Hoje, para muitas pessoas, a saúde é uma prioridade máxima. Algumas a converteram, em regra, numa religião substituta. No entanto, quem fica só gravitando em torno da própria saúde, acaba adoecendo. A história do monacato revela que a medida certa e a inserção religiosa fazem parte de um estilo de vida sadio. Ritos e práticas religiosos promovem a saúde. E já os gregos sabiam que o ser humano é saudável apenas se viver de acordo com a sua essência. Disso faz parte também a *religio*, a ligação com Deus.

Nos anos de 1970, o conceito de "sociedade de abundância" era empregado, de preferência, com uma conotação negativa. Tinha-se a sensação de que as pessoas estavam voltadas excessivamente para a dimensão material e ignoravam outros valores, que elas consumiam demais e, por conseguinte, caíam numa certa letargia. Numa sociedade de abundância, é verdade que a pessoa se sente bem, mas deixa de contribuir para a sociedade. Surge uma mentalidade de tomar. Após a Segunda Guerra Mundial, alcançar uma certa prosperidade era algo importante para muitas pessoas. Construir uma casa própria, preocupar-se com o futuro e permitir-se uma vida adequada era um objetivo pelo qual a pessoa se engajava com todas as forças. No entanto, os filhos dessa geração acreditavam que isso continuaria sempre assim, sempre mais para cima, sem que eles tivessem de se esforçar para alcançar isso. Eles haviam desaprendido que é preciso conquistar a prosperidade, e se tornaram saciados e indolentes. Esse estar-saciado não leva mais ao bem-estar, mas ao bem-parado. A pessoa fica parada. Porém, quando paro no bem-estar, deixo de percebê-lo. A sociedade estagna. Na Alemanha padecemos dessa estagnação que a sociedade de abundância provocou em nós. É preciso reaprender a conquistar esse bem-estar. Isso se aplica à atividade econômica, mas também ao nosso desenvolvimento pessoal. Não há vida sem luta e esforço. Se, porém, a luta se resumir à luta pela prosperidade, justamente daí não resultará prosperidade alguma.

Na tradição cristã a pobreza foi exaltada como um ideal digno do nosso esforço. O próprio Jesus chama de felizes os que são pobres no espírito. Segundo Ele, a pobreza é, portanto, uma atitude interior. Ela não pode ser aferida pela renda, mas pela liberdade interior perante as coisas. Os budistas falam do não apego. É o que acredita também Jesus. O que se avalia como negativo não é a prosperidade ou a riqueza em si, mas somente a dependência delas. O célebre psicólogo C.G. Jung entende que a riqueza tende a reforçar as máscaras do ser humano. Nesse caso, ele se separa de sua alma, gravita apenas em torno do dinheiro e da riqueza e fica interiormente vazio.

Nas ordens mendicantes, a pobreza foi alçada à ideal. Aí não se tratava apenas da liberdade interior das coisas, mas também da pobreza exterior. De maneira consciente, vivia-se completamente desprovido de bens próprios para se solidarizar com os pobres. São Bento não admite este tipo de pobreza. Ele fala de comunhão de bens: Os monges têm tudo em comum. É o que deve libertar os indivíduos da dependência das coisas. Mas é o que também pode levar a uma prosperidade que suprime a vida espiritual. Eis por que Bento associa a comunhão de bens com a frugalidade e a simplicidade. A vida dos monges deve ser simples. Em muitas ocasiões é preciso o autoexame sincero para verificar se a pessoa se tornou muito dependente de um determinado padrão de vida.

Por outro lado, propagar a pobreza também pode se tornar ocasionalmente uma negação da vida: Não nos permitimos mais nada e nossa consciência pesa quando queremos desfrutar de alguma coisa ou quando possuímos um determinado patrimônio. Em consequência, o dinheiro é considerado fundamentalmente algo negativo. Diferentemente, Bento entende que o mosteiro deve possuir uma certa prosperidade e também deve envolver, por exemplo, seus espaços sacros com um certo esplendor. A pobreza consequente leva à barbárie. É preciso tanto a prosperidade como a liberdade interior frente a ela, o não apego, para se concentrar no verdadeiro objetivo do ser humano: em Deus.

Anselm Grün

Monge e executivo em diálogo

♦ ♦ ♦

JOCHEN ZEITZ • É uma tendência humana universalmente disseminada aceitar e apreciar somente o que é calculável. Nós sempre encontramos novos caminhos para comprar e vender valores e suas reproduções. É óbvio que devemos ir além desse enfoque puramente quantitativo no que diz respeito à prosperidade e olhar para dentro de nós mesmos para descobrir o sentido e o propósito e outros critérios para a medida da prosperidade.

Se nos distanciássemos um momento dos afazeres diários e da pressão associada a eles, é certo que quase todos nós diríamos que identificamos e apreciamos muitas formas de prosperidade, inclusive conceitos como felicidade, saúde, formação e natureza. Em muitos aspectos, somos iguais naquilo que apreciamos. No entanto, fomos educados socialmente de modo a realçar mais as diferenças que os interesses comuns. Creio que vivemos e vivenciamos a prosperidade para além do aspecto material.

ANSELM GRÜN • Todo ser humano anseia viver em certo bem-estar. No entanto, quem quiser possuir cada vez mais bens, para este muitas vezes isso não será mais bem-estar algum. Antes, ele será atormentado pelo medo de precisar defender sua posse frente aos outros. É o que fica bem visível, por exemplo, na América do Sul, onde os ricos precisam construir muros em torno de suas propriedades, a fim de se separar dos pobres da sociedade e assegurar, defender sua riqueza. Eles não podem desfrutar de sua riqueza, mas vivem com medo de que ela venha a lhes ser roubada. Aquele que aposta somente na prosperidade exterior, torna-se insaciável. Ele nunca terá o bastante.

Em sua proclamação, Jesus acolheu esse anseio humano por bem-estar; direcionou-o, porém, para o interior: A verdadeira riqueza do ser humano está na alma. Jesus fala metaforicamente do tesouro no campo e da pérola preciosa, ou seja, daquilo que oferece ao ser humano a verdadeira dignidade e a verdadeira glória. É a beleza de sua alma que se expressa na clareza, no amor, na luz, na liberdade e na paz.

O bem-estar é, como a palavra já diz, um estado: Eu estou sobre um terreno bom. Eu me sinto bem, saudável e satisfeito. O sucesso, por outro lado, é o resultado de uma ação, é alcançar um objetivo. Ele depende sempre daquilo a que eu aspirei. Mas também o sucesso pode se tornar algo autônomo. Neste caso, ele não leva a que se olhe com orgulho para o que se alcançou, mas a que se permaneça guiado pela pretensão de dever ser cada vez mais bem-sucedido. Alguns se definem então inteiramente a partir desse valor. Somente vivem se têm sucesso. No entanto, muitas vezes eles desabam quando o sucesso não vem. A verdadeira prosperidade, o verdadeiro bem-estar não resultam do sucesso exterior, mas da correspondência comigo mesmo e da alegria com os valores que tornam minha vida valiosa.

JOCHEN ZEITZ • Todo ser humano tem de encontrar o equilíbrio entre bem-estar material e imaterial. Também a sociedade não deve separar, no que diz respeito à divisão do trabalho, entre dinheiro e espírito. Em parte, as empresas ainda consideram que é uma tarefa exclusiva da Igreja acolher as pessoas e se preocupar com seu bem-estar psíquico-espiritual, e que a tarefa empresarial é exclusivamente ganhar dinheiro.

Creio que nos estados industrializados está chegando ao fim a fase da industrialização tradicional com ênfase no crescimento econômico que aspira somente à prosperidade material. Esse tipo de expansão industrial já teve o seu apogeu, uma vez que os recursos se esgotaram e nós ultrapassamos os limites naturais e a resistência natural, de longo prazo, do ecossistema. Além disso, uma parte do crescimento não deve ser considerada um verdadeiro crescimento, mas, antes, um crescimento artificial. Esse fato leva um número cada vez maior de executivos a refletir sobre mudanças.

As leis da natureza entram em jogo. Embora se possa imprimir dinheiro para salvar um banco, ainda não se pode imprimir uma vida para salvar um planeta, sem mencionar os perigos da engenharia genética. Como repetidamente frisa Clifford Christians, um dos principais estudiosos de ética dos Estados Unidos, deve-se respeitar a santidade da vida. Aqui tanto a religião como a economia têm uma tarefa a cumprir.

O bem-estar deve ser reconsiderado e desenvolvido como modelo. No que diz respeito ao lado material, semelhante modelo deve se basear num novo paradigma industrial que eleva o padrão social e, ao mesmo tempo, cura nossa terra doente. Uma vez que a energia eólica e a solar são renováveis, elas podem criar uma nova prosperidade, especialmente nos países em desenvolvimento, ao passo que, ao mesmo tempo, podem contribuir para desenvolver esse novo modelo de industrialização. Porém, para respaldar esse deslocamento e essa mudança da economia, precisamos também de um deslocamento e de uma mudança de valores, isto é, não deve mais estar em jogo apenas a importância do capital, mas deve-se fazer referência também à santidade da vida.

No interior desse paradigma em transformação devemos, porém, aprender a viver felizes no bem-estar, sem depender da definição puramente materialista de felicidade. É preciso um novo crescimento qualitativo, baseado num novo modelo de felicidade e prosperidade. Gostaria de mencionar que o Rocky Mountain Institute nos Estados Unidos apresentou um enfoque desse tipo, a saber, que não é necessário nenhum crescimento para que haja bem-estar. Aí inclusive se é da opinião que muitos problemas enfrentados hoje pelas comunidades surgiram em decorrência do crescimento.

Isso significa que não só a religião, também a economia deve se preocupar com as pessoas. A economia pode ter um outro acento, mas a felicidade, a saúde e a satisfação no local de trabalho devem ser objetivos do executivo, não só a tarefa econômica.

ANSELM GRÜN • Se apenas a Igreja se preocupasse com as vítimas de uma rígida política econômica, seria definido um sistema que não faz bem para as pessoas a longo prazo. As empresas devem proporcionar um clima de trabalho em que as pessoas gostam de atuar. Poder trabalhar bem é um critério essencial para a saúde do ser humano. E, inversamente, um trabalho gratificante também contribui para a saúde do ser humano. As religiões têm a tarefa de lembrar repetidamente às empresas a sua obrigação de assistência às pessoas. A longo prazo as empresas que tratam bem seus funcionários e se preocupam com um clima de trabalho saudável terão mais sucesso. Isso não significa que as empresas devam instrumentalizar a religião para terem mais sucesso. Mas a economia e a religião podem se complementar.

As religiões indicam para a economia o que é sagrado para o ser humano. Alegra-me que o senhor tenha feito referência à santidade da vida. Santidade é, como sabemos, um conceito religioso. Eu também li isso num livro sobre cultura gerencial. Lance H.K. Secretan, um consultor empresarial canadense, diz que deveríamos transformar a empresa num santuário. Ele imagina com isso que o local de trabalho de um ser humano é um lugar em que ele reconhece sua dignidade, onde ele não apenas trabalha, mas filosofa com os outros, desenvolve novas ideias, dá asas à sua alma. "Santo" é, para os gregos e latinos, o que se subtrai ao mundo, sobre o que o mundo não exerce poder. Somente se a economia respeitar a santidade da vida e do ser humano, se ela não o exigir totalmente nem se servir dele para seus propósitos econômicos fará justiça ao ser humano e à sua dignidade e também terá em conta a santidade da vida e da natureza.

A religião cristã adotou da filosofia e da medicina gregas a "arte da vida saudável" e a respaldou e ampliou, oferecendo rituais terapêuticos às pessoas. Rituais criam um tempo santo, um tempo que pertence somente a mim e a Deus. É o que se aplica aos rituais pessoais que pratico para mim mesmo, a fim de poder permanecer totalmente eu mesmo em todos os assuntos profissionais. É o que se aplica também aos rituais de uma empresa. Nos rituais empresariais se revela a sua concepção do ser humano e da sua dignidade.

Nos rituais surge, inclusive em meio ao mundo do trabalho, um espaço santo e um tempo santo que institui uma atmosfera terapêutica. Aí, irrompe na empresa algo que é maior do que ela mesma. Assim, a religião e a economia podem se complementar mutuamente. A economia pode aprender das religiões muito sobre como um bom convívio entre os trabalhadores pode dar certo a longo prazo, para o bem das pessoas e, no fundo, também para o bem da empresa. Na sociedade, a religião mantém o espaço aberto para Deus, para algo que é maior que o ser humano. E unicamente neste amplo horizonte de Deus o ser humano viverá livre a longo prazo. Quando a sociedade se define como algo absoluto e nela o anseio pelo totalmente outro não se mantém desperto, ela adquire traços totalitários. Nesse caso, pretende determinar completamente o ser humano. No entanto, isso não faz bem a ninguém. A religião é a garantia da liberdade permanente do ser humano.

JOCHEN ZEITZ • Um levantamento do Allensbacher Institut für Demoskopie revela que na Alemanha mais de 50% das pessoas de 12 a 25 anos acham que está "na moda" "acreditar em alguma coisa", 60% das pessoas acima de 18 anos acreditam em Deus e 70% acreditam na alma do ser humano. Não importa a nossa idade, a pressão e as incertezas que enfrentamos em nossa vida muitas vezes nos fazem ansiar por alguém que atenue e supere os medos que temos dificuldade em vencer sozinhos. "Eu me entrego nas mãos de Deus" é para mim simplesmente uma figura plástica para o que as pessoas buscam. Na realidade, a ideia de se entregar a um poder supremo é o núcleo do Islã e de muitas outras religiões mundiais, não só da fé católica.

As pessoas religiosas ou as pessoas que vivem a dimensão espiritual se sentem prósperas de uma maneira que não concerne apenas ao dinheiro. No centro da fé está a ideia: "Não estás sozinho, estás protegido". Todo ser humano que sabe que um poder superior cuida das suas necessidades se sente rico, não importa o montante da sua renda. É como se ele tivesse um seguro de vida que cobre tudo. Muitas vezes, é somente durante a visita a um mosteiro ou a uma outra instituição espiritual que as pessoas descobrem quão prósperas realmente são. Um monge que fez o voto de pobreza se sente rico.

Frequentemente o progresso traz consigo o desejo de uma pausa. Uma vez que nosso mundo se torna cada vez mais acelerado, cada um de nós precisa, de tempos em tempos, um lugar de reflexão e de paz. É o que se aprende num mosteiro, seja meditando alguns minutos todos os dias ou dedicando a vida inteira à contemplação. Viver durante algum tempo num mosteiro é uma possibilidade de encontrar tranquilidade e considerar e examinar questões relevantes da vida, encontrar o equilíbrio interior ou, simplesmente, se concentrar nisso. É o que considero um processo de purificação mental que, após meu período no mosteiro, me ajudou, por exemplo, a recuperar minha força e energia criativa e me deu tempo para o crescimento interior. Poder-se-ia chamá-lo de "prosperidade da alma".

ANSELM GRÜN • Assim como o senhor, muitos executivos têm a necessidade de se recolher para um mosteiro durante alguns dias. Fico contente que essa possibilidade frequentemente é concretizada conosco na abadia. As pessoas configuram o seu tempo aí ou segundo o seu próprio ritmo, como lhes apraz, ou eles participam num dos seminários de gestão espirituais que oferecemos na abadia. Nestes seminários pretendemos transmitir princípios beneditinos de gestão. Disso fazem parte não só métodos de gerenciar, mas também caminhos para si mesmo, caminhos para a paz e caminhos para o âmago da própria alma.

Há também alguns que querem permanecer; entre eles muitas vezes estão jovens que batem à porta do mosteiro, porque não conseguem se entender com a vida no mundo "lá fora". Mas essa é a exceção. E, além disso, esses homens entendem rapidamente que esse não pode ser um motivo para entrar para o mosteiro. Eles logo também se sentirão sobrecarregados no mosteiro. A maioria dos homens que ingressam no nosso mosteiro completaram com sucesso uma formação profissional ou até mesmo já exerceram a sua profissão. Entram para o mosteiro, em primeira linha, por razões espirituais. Querem ter tempo para a meditação e para a oração, para a paz e a leitura. E querem ser amparados e contagiados por uma comunidade, para procurar sempre mais a Deus e o segredo da própria vida.

No entanto, muitos entram para o mosteiro, além disso, porque estão à procura de uma ocupação que faça sentido. Querem ver os frutos do seu trabalho e ao mesmo tempo viver a medida certa no trabalho. Têm a impressão de que, com o seu trabalho no mosteiro, não só fazem algo com sentido, mas também podem moldar esse mundo de maneira positiva. Não precisam seguir, em primeira linha, as instruções de seu superior, mas podem pensar e planejar juntos o que um mosteiro poderia fazer para o mundo no futuro. É claro que tudo isso tem de se sustentar financeiramente, mas num mosteiro também não se está obrigado a uma determinada atividade. Aqui há espaço para o desenvolvimento das capacidades do indivíduo. Alguns descobrem agora suas capacidades artísticas, literárias, manuais ou pedagógicas. Estes dois aspectos – levar uma vida espiritual e exercer uma atividade cheia de sentido – são convite suficiente para que os jovens entrem para o mosteiro.

Neste caso, grandes salários não são uma alternativa para eles. É claro que aqui eles têm a garantia de um certo padrão de vida que, na verdade, é mais modesto do que aquele que teriam se tivessem permanecido na sua profissão, mas pelo menos é suficiente para levar uma vida boa. No entanto, o fator decisivo é que eles sentiram em si um anseio espiritual que não puderam viver suficientemente em sua "antiga vida". Por conseguinte, eles procuram o mosteiro para nele viver autenticamente sua busca por Deus e pelo segredo do ser humano e da criação e ao mesmo tempo contribuir para o bem dos seres humanos.

JOCHEN ZEITZ: As empresas conquistam e seguram os funcionários, em primeira linha, por meio dos salários. Porém, uma empresa também deve oferecer a um funcionário a possibilidade de se identificar com seu trabalho. Ela deve lhe oferecer um sentido e lhe transmitir o sentimento de identidade, o que também ajuda a diminuir a insegurança em tempos difíceis. Uma comunidade empresarial tem, neste aspecto, tarefas parecidas às da família, da associação ou das comunidades religiosas: Ela torna os funcionários parte de uma equipe com um objetivo.

ANSELM GRÜN • Conheço muitos dirigentes que insistem no sentimento de identidade dos seus funcionários. Mas eles criam divisão, porque estão divididos em si mesmos. Para que a identidade possa surgir é preciso, portanto, o trabalho em mim mesmo: que eu esteja unido comigo mesmo, que eu esteja disposto a reunir tudo o que existe em mim e não me encontrar com os outros como meio ser humano que apenas traz seu intelecto para o encontro. Entre mim e os outros somente poderá fluir algo se me encontrar com eles com tudo o que existe em mim. Quando o sentimento de identidade aparece, flui muita energia entre os indivíduos. Nesse caso, eles se sentem amparados pelos outros. Por conseguinte, acredito que uma das tarefas mais importantes dos dirigentes é desenvolver um senso de identidade.

5
Cultura
O sonho de voar

José teve um voo maravilhoso, o mais fascinante de seus voos até agora. O vento alçou-o ainda mais, ele deslizou como um planador pelos ares. Descontraído, José subia sempre mais alto... até que seu relógio o arrancou abruptamente do sono. Ele se apressou para chegar a tempo à Universidade Diego Portales, em Santiago do Chile. Ali, diante de 200 alunos, o Professor Santibáñez iniciou sua aula de Psicologia Social com a pergunta: "Quem já teve a experiência virtual de voar no sonho?" Quase todos os estudantes levantaram a mão. Inclusive diante da pergunta sobre quem, durante o sonho de voar, já teve a sensação de cair, foram muitos os que se manifestaram.

Todos ficaram bastante surpresos com esse resultado. Para o psicólogo C.G. Jung, esse fato certamente não teria sido uma surpresa. Ele nos ensina que nós, seres humanos, como raça global (não como raça caucasiana, asiática ou uma outra raça específica) temos uma memória coletiva, que poderíamos chamar também de memória social. Ele explica que, em nosso subconsciente, estamos estreitamente ligados uns aos outros. Que nós, em toda parte no mundo, independentemente do círculo cultural a que pertencemos, temos os mesmos sonhos e associações básicas – antiquíssimas –, como se um e o mesmo autor tivesse escrito o roteiro de todos os nossos sonhos e pesadelos. O cientista alemão Jan Assmann designa a memória cultural como uma parte da "correia transportadora da consciência". A memória coletiva transporta sentimentos e atitudes de geração para geração.

Ninguém está sozinho

Como indivíduos e subgrupos culturais, parece que estamos separados uns dos outros, e, não obstante, somos coordenados pela mão invisível de um passado comum que se manifesta como um mecanismo de condução. Como uma massa de terra separada, uma ilha talvez pareça pequena, mas caso fosse possível drenar a água ao seu redor constatar-se-ia que a ilha é o topo de uma montanha submersa. É o que também acontece com a cultura: Nós seres humanos parecemos estar separados uns dos outros como por meio de oceanos – e, apesar disso, estamos firmemente ligados uns aos outros por meio de uma história comum, uma geografia comum, uma memória comum e um clima social comum. Ninguém é uma ilha.

A memória coletiva e seus subprodutos, portanto, o conjunto da memória cultural, são, segundo C.G. Jung, fatores que influenciam constantemente a percepção humana, de maneira positiva e negativa. Uma cultura desordenada pode ter tanta ou até mais influência sobre uma pessoa singular que uma cultura básica funcional ou não funcional. Por conseguinte, é importante levar em conta o tipo de cultura da qual nascem as experiências atuais que um ser humano faz.

É o que vale também para o executivo e o monge na sua respectiva comunidade característica. Durante muito tempo a perda de cultura e de seus valores, o dano à natureza e à sociedade não foram levados em conta, especialmente num mundo que se globaliza de maneira cada vez mais rápida e intensa.

Somente agora começamos a compreender e a aprender, por exemplo, a incluir em nossa atividade econômica o total dos custos da destruição do ambiente e a reconhecer que o rápido progresso técnico também desviou a nossa atenção de uma consideração do nosso agir inserido num contexto maior.

A memória e as tradições culturais podem ter o efeito de um xarope e retardar a mudança cultural de uma nação ou de uma empresa. Os movimentos sociais, em sua grande maioria, se desenvolvem só lentamente e adquirem um certo dinamismo só gradualmente, sendo que, no início, têm de enfrentar uma resistência em parte ferrenha. Quando um executivo ganha influência ou ascende a um cargo de direção deveria se perguntar que forma de cultura seria mais adequada para essa empresa. Ele deve refletir: Que mudanças devem ocorrer no clima? Como posso construir e manter um convívio desse tipo? Precisamos de uma cultura permanente ou de uma que se ajusta continuamente? Que elementos da memória coletiva devemos reconhecer, o que deve ser incluído e o que encerrado? Como asseguramos que a identidade e a metamorfose cultural realmente tomem pé e não pareçam existir só superficialmente? E, por fim, coloca-se a questão: Como podemos valorizar a diversidade étnica, cultural e pessoal e utilizá-la em nosso benefício? Estou convencido de que os dirigentes que não se colocam essas questões e não aprendem delas, a longo prazo estão condenados ao fracasso.

A cultura da Puma

Logo após o meu ingresso na Puma constatei que uma cultura empresarial tem grande importância. Durante muitos anos, pude observar e influenciar a maneira de cooperação dos grupos. O objetivo foi sempre criar o ambiente certo para a nossa aspiração ao equilíbrio e ao crescimento.

Antes de tudo, foi preciso definir os passos práticos. Assim, apesar de nossas origens alemãs, o inglês deveria ser a nossa língua principal. Esse passo não foi algo natural, considerando que a maioria dos funcionários não falava inglês ou falava pouco inglês quando entrei na empresa em 1990. Em outra ocasião, foi preciso decidir se nós, a exemplo de tantas outras empresas alemãs nesta época, deveríamos tentar conduzir o *marketing*, o desenvolvimento de produtos e as vendas para os Estados Unidos exclusivamente da Europa. A alternativa era trabalhar localmente nos Estados Unidos, na Ásia e em outros lugares e amalgamar os melhores elementos das práticas empresariais internacionais numa nova cultura.

Uma das questões mais importantes a serem consideradas e para a qual era válido motivar nossos funcionários – na maioria das vezes, contra sua própria convicção –, era a do posicionamento da marca e da empresa. Decidimos nos transformar de uma produtora de artigos esportivos numa fornecedora de estilo de vida esportivo e criar um novo mercado para nós e para os nossos consumidores. Houve, porém, alguns funcionários que não queriam abandonar o antigo modelo. Quando, por exemplo, nos nossos vídeos da marca mostramos um esqueitista, a fim de sublinhar o novo posicionamento como marca de estilo de vida esportivo, colhi críticas e desaprovação de muitos lados. Considerava-se a imagem inapropriada para uma empresa que, até aquele momento, havia se orientado exclusivamente para o desempenho e o esporte. Mas logo que o alvoroço passa e as pessoas conseguem ver e sentir o sucesso do novo modelo, uma cultura empresarial consegue crescer e prosperar quando se a cultiva e deixa produzir seus efeitos em toda a empresa. Desde então, nosso negócio vai muito além de apenas fornecer roupas esportivas e calçados funcionais. Para a Puma, tão importante quanto o aspecto da moda, são o *design* e o estilo de nossas roupas, calçados e acessórios.

Nas épocas em que a nossa empresa e a marca registravam exclusivamente reveses e apenas um número reduzido de funcionários realmente queria trilhar novos caminhos, consideramos a possibilidade de transferir a Puma para uma outra cidade ou até para um outro país. Naquela época, tínhamos a sensação de que o malogro e as ideias negativas realmente aderiam às paredes de nossos prédios. Muitos na Puma preferiam arrancar todas as pontes para o passado, antes de montar uma nova e bem-sucedida equipe. Mantivemos Herzogenaurach como matriz. Ao mesmo tempo, ampliamos nossa presença global e aumentamos nossa presença virtual e cosmopolita. Sobretudo, foi válido tomar pé novamente nos Estados Unidos, onde a marca Puma em geral não tinha mais importância. Conduzi pessoalmente os destinos da empresa durante cinco anos a partir de Boston, a fim de conhecer melhor o na época mundialmente determinante, ou seja, inspirador *American Way of Life* – o estilo de vida dos Estados Unidos – e, desse modo, poder integrá-lo em nossa cultura. Até hoje, o marketing e uma parte importante do desenvolvimento dos nossos produtos são conduzidos a partir de Boston. Naquela época, muitos funcionários temiam que a matriz da empresa fosse transferida completamente para os Estados Unidos. Fundamos também uma central asiática em Hong-Kong, para fornecer produtos e para nos aproximar dos mercados asiáticos em ascensão.

Em primeiro lugar, tive de viajar constantemente para lá e para cá entre os diversos continentes e culturas, um viandante entre os mundos. Eu me sentia em parte como um pregador que busca articular e interpretar as distintas mentalidades e culturas que determinam a Puma e deveriam conduzi-la para um futuro melhor. As pessoas quase não conversavam ou simplesmente não se entendiam. Dessa maneira, se desenvolveu – não da noite para o dia, mas aos poucos – uma cultura comum, unificadora e única da Puma. Ela nos ajudou a pensar e a agir globalmente. Por fim, também foi válido superar o passado com seus insucessos e suas dúvidas a respeito do novo, sem abrir mão de nosso legado e de nossa história.

Last but not least, tivemos de tomar decisões psicológicas gerais, uma vez que numa empresa existem vários níveis culturais distintos – como bem descreveu também Edgar Schein, da Sloan School of Management do MIT. O nível cultural superior de uma empresa é seu fenótipo, "o *look*". Dele fazem parte os prédios, os móveis ou as roupas. No próximo nível, seguem os traços da identidade conscientes, como a imagem e o princípio orientador, o *marketing* da empresa. Por fim, trata-se do cerne da empresa, do coração, da sua identidade cultural mais profunda. Esta não pode ser determinada por um indivíduo nem por uma espécie de "polícia cultural" da empresa. Ela somente poderá se desenvolver de modo positivo e bem-sucedido se uma "massa crítica" apoiar essa empresa e também assumir a responsabilidade para que esses valores coletivos sejam respeitados. Eis por que, para mim, foi tão importante envolver muitos grupos e funcionários distintos na configuração de nossa visão. Somente quando os funcionários se sentem envolvidos no desenvolvimento da empresa, eles mesmos também investem energia para fazer a empresa avançar no bom sentido.

Eu pessoalmente acreditava que a Puma deveria desenvolver uma cultura positiva, criativa, de cunho empresarial, aberta e franca. No entanto, também foi importante para mim que outras pessoas da equipe concordassem com essa visão e quisessem deixá-la se tornar realidade. Ninguém é uma ilha. No princípio, uma única pessoa pode ter uma visão, mas uma cultura tem de ser formada por muitos. E uma cultura aberta e criativa afeta não apenas muitos, ela é sustentada por todos de modo quase unânime.

De modo algum quero dar a impressão de que somos a empresa perfeita. Ao contrário: Até nos tornarmos uma empresa de ponta, ainda temos um bom caminho pela frente. No decorrer dos anos, também cometi meus erros, dos quais tentei aprender, até onde foi possível. Alguns desses erros aconteceram por causa do excesso de atividades. Às vezes, tentei alcançar muitas coisas de modo muito rápido e comecei muitos projetos simultaneamente. Às vezes, por exemplo, eu estava ocupado – para decepção de alguns – com o BlackBerry e o computador, enquanto os colegas apresentavam algum projeto. Ou tirei muito pouco tempo para conversar pessoalmente com funcionários. Muitas vezes, tais reduções são o resultado da aceleração, e tive de aprender a pisar no freio e a avançar num ritmo mais lento.

Quem gerencia bem, inspira

Um dos aspectos mais importantes de uma cultura empresarial criativa diz respeito à maneira de implementá- la. Em vez de empregar o velho Modelo John Wayne, "Sigam-me, homens!", culturas criativas são abertas e criam possibilidades para que cada uma possa ser uma personalidade dirigente e avançar com bom exemplo. Nas culturas criativas, os ambientes e estilos diferentes são bem-vindos. Num quadro cultural em desenvolvimento, os bons dirigentes podem despertar as qualidades que dormitam nos outros e inspirar os funcionários.

Assim como o ator-caubói John Wayne de fato foi para mim um modelo na minha infância, hoje há outros heróis que me inspiram. Por exemplo, o autor e ambientalista Paul Hawken, que escreveu livros como *Inquietação abençoada* e *Capitalismo natural*. Ou *Auret von Heerden*, que como estudante se engajou no movimento de combate ao *apartheid* na África do Sul e hoje é diretor da Fair Labour Association. Ou Gregory David Roberts, um visionário, que durante sua vida superou muitos obstáculos e escreveu uma das minhas obras prediletas: *Shantaram*. Ele me ajudou a desenvolver nossa visão da Puma.

Na minha opinião, entre as mais importantes qualidades de gestão relacionadas à cultura estão a integração, um franco intercâmbio de ideias, a criação de confiança e a aspiração por maior qualidade. Uma cultura da gestão também deve ser divertida, endossar propósito e inovação, não importa quão difícil é, às vezes, velejar ao vento. Também aqui ainda tenho muito a aprender sobre o ritmo certo. Às vezes, ainda hoje me surpreendo que, já de novo, olho para a próxima nuvem escura no horizonte, em vez de, no momento certo, intercalar uma caminhada e aconselhar minha equipe a curtir o sucesso coletivo, antes de retornar de novo ao mar.

Quando abreviamos na escrita o termo *Kultur* (cultura), resulta o termo restritivo *Kult* (culto). E todas as abreviações que adotamos na criação de uma cultura completa, abundante e em desenvolvimento levam a um comportamento rígido, cúltico. As empresas que, em vez de uma cultura, seguem um culto se enrijecem na forma de burocracias fatigadas, tornam-se um "clube de veteranos". Comparadas às empresas cujas estruturas são orgânicas e estão sempre em movimento, elas se saem mal. Por conseguinte, uma cultura dinâmica e orientada para o futuro constitui a diferença entre um espírito comunitário vivo e um pensamento inerte e chato.

A Puma precisou ser mudada consequentemente passando de uma visão de mundo conservadora, tradicional, centrada na Alemanha para uma mentalidade aberta, cosmopolita, com uma consciência global. Nossa tarefa nunca está concluída, continuamos sempre a nos desenvolver, e nosso ambiente muda continuamente. Hoje precisamos demonstrar sensibilidade em face da rápida mudança das condições e dos tempos econômicos e ecológicos, sem abrir mão de nossos padrões e de nossa estrutura multicultural.

Por fim, é uma importante tarefa do executivo manter, promover e estimular com novas ideias uma cultura empresarial dinâmica, holística e vigorosa. Não se trata de uma tarefa fácil em face da diversidade étnica, cultural e pessoal, característica de uma equipe que cresce no plano global.

Um executivo inspira ao tomar a dianteira dando bom exemplo e envolvendo os outros numa atmosfera estimulante, independentemente da dificuldade do ambiente econômico e do próprio negócio. Ele ou ela deve sempre estar ciente de que todos os funcionários e todos os clientes, em sua memória cultural latente, carregam em si tanto o sonho de voar como o sonho de cair. Conheço de primeira mão o temor de uma queda e de um fracasso. Mas conheço também o sentimento de deixar de lado ganhos e perdas, objetivos míopes e executivos inoportunos. Ao aceitar um emprego na desafortunada empresa Puma, na maioria das vezes, fui ridicularizado e bombardeado com perguntas críticas e ceticismo. Além disso, rompi com uma tradição familiar secular em que a medicina – prática ou científica – era, ou seja, é profissão de vida. Sempre me senti fortalecido em minha própria vontade, e me motiva, quando os outros dizem: Não é possível!

Jochen Zeitz

Monge e executivo em diálogo

♦ ♦ ♦

ANSELM GRÜN • Considerando nossa cultura, as religiões cunharam de modo duradouro as sociedades até os nossos dias. Hoje temos a impressão de que a economia determina cada vez mais as cidades. No passado, a igreja estava no cento de uma cidade e lhe conferia seu caráter bem peculiar. Hoje as cidades se caracterizam pelos arranha-céus. Mas o convívio das pessoas, a maneira como pensam e sentem, como lidam com os marcos de suas vidas, por exemplo, com o nascimento, o casamento e o morrer, continuará a ser cunhado pela religião. Importante seria que a economia e a religião andassem de mãos dadas.

Os valores que a religião representa, e os rituais que ela oferece para se encontrar a paz e refletir sobre o sentido profundo da vida, deveriam ser respeitados também pelas pessoas que detêm responsabilidade nas empresas. Pois, como Jesus disse na história de Marta e Maria: Aquele que só trabalha, fica cego. Ele precisa escutar Deus, prestar atenção nos suaves impulsos da própria alma, a fim de inserir seu trabalho num horizonte mais amplo. E ele precisa da relativização do seu trabalho por meio da religião. Se ele se definir apenas a partir do seu trabalho e do seu sucesso, facilmente se tornará um obstinado. Neste caso, também seu trabalho não será uma bênção, nem para ele nem para seus funcionários e tampouco para as pessoas a quem ele vende seus produtos. O agir na economia precisa, com efeito, de leis próprias. A religião não deve ter a pretensão de determinar a forma da atividade econômica até nos detalhes, do contrário adquire traços totalitários. No entanto, tampouco a economia deve se tornar totalitária, senão tudo em nossa vida seria determinado apenas segundo pontos de vista financeiros. Isso tomaria das pessoas e da sociedade o fôlego para a vida.

Em meio a uma "sociedade fechada", a religião mantém em aberto a pergunta por Deus. E isso é salutar para o ser humano, pois quando ele se abre para Deus não pode ser manipulado pela economia. O céu mantido aberto sobre nossa terra permite-nos viver bem aqui. Ele nos abre um espaço de liberdade e de amplitude. Se tudo for regulado apenas de acordo com os pontos de vista econômicos, a vida tornar-se-á cada vez mais estreita e triste.

JOCHEN ZEITZ • Ao se olhar retrospectivamente para a história, percebe-se que a economia e a religião sempre se desenvolveram e cresceram paralelamente, sendo que, continuamente, ocorreu uma forte alternância. Já os antigos mosteiros, que também faziam o papel de empresas, revelaram que o mundo da religião e o mundo da economia, muitas vezes, eram dependentes um do outro. Assim como, ainda hoje, por toda a parte se solicita o conselho de representantes religiosos – inclusive na "esfera pública" –, as universidades e também os colégios religiosos, sobretudo no mundo anglo-saxão, convidam, em vez de ou além de representantes religiosos, cada vez mais também experientes expoentes da economia para ocuparem cargos em seus conselhos consultivos ou em seus comitês diretivos.

Ao se observar civilizações como a da Grécia Antiga ou a de alguns povos da natureza, constata-se que, no passado, era completamente usual, antes de construir uma nova casa, de partir para uma viagem ou de inaugurar um empreendimento comercial, obter o conselho ou a bênção dos deuses e dos seus sacerdotes. Além disso, as catedrais e os templos antigos só podiam ser construídos com o suporte e o financiamento de patrocinadores, governos, carpinteiros e outros. É natural que, nesse caso, também fosse indispensável a perspicácia para os negócios em todos os empreendimentos desse tipo. A propósito, ainda hoje me deparo pessoalmente com essa situação em muitas de minhas viagens, especialmente na Ásia.

As diversas religiões indicam que não há Yin sem o Yang, luz sem escuridão, céu sem inferno, e gostaria de observar que, no meu ponto de vista, essa oposição diádica também se aplica ao mundo espiritual e ao mundo material. Não se consegue explicar coisas transcendentes sem elementos práticos. No entanto, elementos práticos sem conotações espirituais tampouco teriam uma finalidade ou um contexto.

ANSELM GRÜN • Na minha opinião, existem diversos pontos de enlace entre a religião e a economia. O enlace exterior a que o senhor fez menção – a saber, que no passado se obtinha a bênção dos deuses ou dos sacerdotes antes da construção de uma nova casa ou antes de projetos econômicos – inclusive é praticado ainda hoje. Às vezes, sou convidado para inaugurar uma clínica dentária ou uma livraria ou o novo escritório de uma empresa. Na maioria dos casos, trata-se de empresários de porte médio que, conscientemente, pedem a bênção de Deus para o seu trabalho. Eles têm a impressão de que nem tudo depende de sua ação, mas exatamente também da bênção de Deus. Eles pedem a bênção de Deus não para fazerem melhores negócios, mas para que as pessoas que trabalhem nesse local sejam protegidas, para que, por exemplo, os clientes que vão ao dentista sejam curados e encorajados, para que na clínica dentária entrem num espaço abençoado. Os empresários que querem dar início ao seu empreendimento com a bênção de Deus estão convencidos de que a atmosfera que se cria entre os funcionários depende não só do carisma do presidente, mas também da bênção de Deus. Eles sentem que precisam dessa bênção também na sua atividade econômica. É o que, muitas vezes, descontrai a atmosfera de uma empresa.

O outro ponto de enlace é a crítica da religião ao estilo da atividade econômica. Os profetas de Israel tinham a missão de criticar o comportamento dos poderosos. Sobretudo o profeta Amós fala constantemente à consciência dos detentores do poder e dos ricos: que eles oprimem os pobres, que cobram impostos injustos. Por conseguinte, Amós profetizou-lhes que seu agir não será abençoado: "Porque oprimis o indigente e lhe cobrais um imposto de trigo, construístes casas de pedra lavrada, mas não as habitais; plantastes esplêndidas vinhas, mas não bebereis o seu vinho" (Am 5,11).

A religião não pode estipular como a economia deve agir, pois aquela muitas vezes não conhece as leis desta. Mas ela tem a tarefa de denunciar os impactos injustos e associais da atividade econômica e fixar parâmetros que devem ser levados em consideração na atividade econômica. As religiões sempre foram as advogadas do ser humano. Entretanto, em todas as religiões existiu também o fenômeno – que Jesus ataca no caso dos fariseus – de que elas impõem cargas aos outros em vez de libertá-los delas. Também a religião pode levar à opressão das pessoas, se usada indevidamente. Portanto, também é tarefa da economia criticar estruturas enrijecidas nas religiões.

JOCHEN ZEITZ • A economia e a religião precisam do olhar benevolente, mas também crítico, uma sobre a outra. Executivo e monge podem muito bem adotar os pontos fortes um do outro. O senhor, Padre Anselm, ou seja, o seu abade precisam, até um certo ponto, da contratação de um executivo: O senhor precisa saber o que funciona do ponto de vista econômico, quem está apto para uma determinada tarefa ou função, como apresentar o mosteiro ao público para torná-lo atraente e relevante. Disso fazem parte também a oferta de seminários e o aluguel de instalações e assim por diante. Todas elas são habilidades necessárias das quais eu pessoalmente tomei conhecimento no seu mosteiro. Os monges devem conhecer seu abade como pessoa íntegra, qualificada para ponderar possibilidades e tomar as decisões certas. É como o senhor sempre destaca, Padre Anselm: Um mosteiro beneditino deve poder financiar a si mesmo. Para poder cumprir suas tarefas religiosas primárias, o senhor precisa também gerenciar com sucesso seu mosteiro e, por essa razão, desenvolver as habilidades de um executivo, inclusive uma missão e uma visão claras.

Creio que, de uma perspectiva gerencial puramente comercial, até seria possível que um abade ou um ecônomo monástico e um executivo troquem suas posições. É claro que haveria desafios. Deles fazem parte a comunicação e a representação oficial da respectiva missão e visão, a adequação à dimensão da organização, o fluxograma temporal e a atmosfera das respectivas realidades locais, bem como a obrigação de prestar contas perante os respectivos atores envolvidos: pessoas à procura, fornecedores, cardeais, diretorias, clientes, acionistas, convertidos, sindicatos e muitos outros, além de falar as diversas linguagens e seguir uma agenda própria de cada organização.

ANSELM GRÜN • É claro que eu me julgaria em condições de dirigir também uma empresa mundial. Entretanto, noto que tudo que vai além de um empresa de porte médio certamente me causaria problemas consideráveis. Certamente, isso está relacionado à experiência que acumulo no mosteiro. Com 300 funcionários somos praticamente uma empresa de porte médio. Dirigir uma grande empresa como a Puma seria mais difícil para mim. Além disso, a permanente mobilidade não combina comigo. É claro que também viajo muito para as minhas palestras. No entanto, meu trabalho administrativo tem algo de local e limitado. E nós, enquanto mosteiro, não estamos submetidos à pressão como uma empresa "global" que se impõe no mercado mundial e também tem de agir de modo fundamentalmente mais flexível que um mosteiro.

No entanto, ao presenciar a conferência da Puma que tratou da implementação do conceito de sustentabilidade, também já senti a vontade de definir com uma empresa os parâmetros que podem mudar todo o clima da atividade econômica. Este também é o atrativo de uma grande empresa: não que ela faça o maior ganho possível, mas que ela configure, molde o mundo e aporte novas ideias a ele.

Uma outra semelhança no que diz respeito às posições de direção em cada uma de nossas empresas é a solidão.

Tanto o abade como o administrador da abadia pertencem à comunidade do mosteiro. Porém, é natural que justamente o abade vivencie na sua posição também uma certa solidão. Ele deve guardar para si muitos dos problemas pessoais que os irmãos lhe confidenciam. Ele não pode justificar diante de todos os outros o seu comportamento frente a determinados irmãos, porque deve proteger a pessoa deles. A solidão é algo que o abade tem em comum com o diretor de uma empresa. Tanto as lideranças monacais como as seculares precisam de muitas habilidades...

JOCHEN ZEITZ • ...ambos devem dar forma e continuar capazes de preservar a si mesmos e a seus funcionários da cristalização nos antigos modelos de pensamento e de ação. Se aspirarmos a uma nova maneira de proceder, cada funcionário e cada executivo deverá encontrar a sua própria "receita", a fim de manter uma mentalidade aberta e a capacidade de ver a própria empresa e a própria vida também com os olhos de uma outra pessoa e considerá-las a partir de fora.

Eu posso falar apenas por mim mesmo: No fundo do meu coração, sou uma pessoa que deseja aprender e naturalmente gosta de aventura. Uma vez que viajo muito e vivi e estudei em diversos países, constatei que falar diversas línguas e descobrir outras culturas me ajudam a compreender melhor e a respeitar realmente a diversidade cultural. Aprendi que se deve ouvir os dois lados de uma história, pois esse princípio extremamente valioso é um requisito necessário para se fazer um juízo melhor e poder ser um executivo melhor. Em minha opinião, a diversidade é uma fonte de energia e de criatividade.

Eu mesmo também tenho um conselheiro ou supervisor que me aconselha e me ajuda a compreender melhor os campos da psicologia e da teologia, que considero pressupostos fundamentais para a ampliação da minha consciência pessoal. Além disso, minha própria fundação, que é apoiada por mensageiros e especialistas de diversos contextos e das mais distintas procedências, repetidamente me fornece novas perspectivas, e, com efeito, não só no campo da sustentabilidade ecológica. Viajar, escutar, pedir conselhos: Tudo isso – ligado a uma curiosidade típica de quem se compraz com aventuras – me ajuda a manter uma atitude aberta tanto na minha carreira profissional como na minha vida inteira.

ANSELM GRÜN • É natural que exista resistência cultural também nos mosteiros. No passado visitei e aconselhei economicamente também outros mosteiros. Nesse caso, muitas vezes fiquei assustado com a maneira como as coisas eram conduzidas. Na verdade, ali todos trabalhavam muito, mas a organização era extremamente ineficiente. As pessoas continuavam a administrar os negócios sempre do mesmo jeito e depois lamentavam a insuficiência de dinheiro, em vez de trilhar novos caminhos.

Na verdade, realizo conferências em outros países e também aprecio estudar outras culturas. Fico contente que minhas ideias também sejam compreendidas na América do Sul e na Ásia, mas eu não supero a resistência cultural por meio da imersão nas culturas estrangeiras. Para isso, minhas estadias no local são muito breves. Para mim é importante a leitura e a reflexão. Busco ouvir as pessoas que acompanho ou que me fazem perguntas durante as conferências. Quando viajo para casa depois das conferências, procuro me colocar no lugar dessas pessoas: De que elas precisam? E como nós, monges, podemos responder às suas indagações? É isso que mantém viva minha atividade pastoral.

No entanto, pergunto-me também como podemos responder às perguntas das pessoas com nossa forma de atividade econômica. O que devemos produzir? O que as pessoas esperam de nós? Onde poderíamos criar alternativas para os modelos econômicos cada vez mais burocráticos de hoje que, no final das contas, são marcados pelo medo? Qual é a nossa contribuição para a sustentabilidade, para uma outra cultura empresarial, para uma forma de atividade econômica preparada para o futuro? Ouvir as pessoas, conversar com elas e perscrutar o próprio coração me mantém vivo e me guarda do enrijecimento em minha atividade. Além disso, no entanto, sempre preciso também de distância e silêncio, a fim de, nesse silêncio, ouvir aquilo que meu coração quer me dizer.

JOCHEN ZEITZ • O senhor diz que nossa atividade econômica está marcada pelo medo. Medo é hoje, de fato, um tema importante; muitos temem, por exemplo, perder seu emprego. No entanto, na vida (até a morte) não há garantia a longo prazo, e, portanto, em muitas áreas temos de viver e dar conta da nossa existência em meio a incertezas.

Quando uma corporação se encontra em dificuldades financeiras é compreensível que, por causa do temor da perda do emprego, seja difícil convencer alguns funcionários de que um novo caminho deve ser trilhado e uma mudança abrangente deve ser levada a cabo. Um executivo pode assumir posições quase indefensáveis, quando quer reestruturar ou salvar uma empresa, tomando decisões fundamentais. Nestas difíceis situações, constatei que se conta apenas com poucos aliados, pois a adversidade, o medo e a incerteza levam as pessoas a encarar as mudanças de modo cético e relutante no início.

Para mim foi uma surpresa que, mesmo depois de anos de prejuízos, o *slogan* "continuar como de costume", no início dos anos de 1990, ainda era parte da mentalidade de muitos na Puma. Naquela ocasião, foi necessário um enorme esforço para levar a cabo uma mudança e implementar de modo consequente as modificações necessárias.

Depois das diversas transformações radicais que presenciei, recomendo, àqueles que pretendem mudar o *status quo* de sua empresa, principalmente paciência e compreensão. Uma verdadeira mudança cultural se realiza lentamente e, por conseguinte, a mudança tem de se tornar uma constante, para realmente pôr em prática algo duradouro. É preciso entender que, no início, haverá resistência, que, em seguida, porém, no caso de sucesso visível, desfar-se-á. A mudança nas grandes corporações é possível quando se decide avançar e, em seguida, executar essa mudança passo a passo, conquistando aliados – e, com efeito, um depois do outro. Toda viagem, por mais longa que seja, começa com um primeiro passo. Juntas, a persistência e a paciência são uma combinação que dá certo.

ANSELM GRÜN • No nosso caso, o que impede uma reestruturação é menos o medo da perda do emprego, mas antes o sentimento: "Sempre foi assim. Simplesmente precisamos disso". Confrontados com a questão de saber se deveríamos construir uma lavanderia própria, meus cálculos mostraram, de maneira inequívoca, que essa iniciativa não valia a pena. No entanto, aí enfrentei grande resistência. Entregar a roupa suja a uma lavanderia estranha era algo inconcebível para muitos monges mais velhos. Mas quando lhes apresentei os cálculos, estes então os convenceram. Entretanto, nesta questão também procurei escutar os argumentos dos irmãos mais velhos. Dessa maneira, encontramos um caminho que até agora satisfez a todos. O mesmo aconteceu também com a fusão das cozinhas do internato e do mosteiro e em muitas outras reestruturações. É importante perceber e ouvir a voz de resistência. Mas faz pouco sentido fazer concessões a qualquer tipo de resistência. Antes, é importante identificar a mensagem a ser transmitida com isso. Às vezes, a resistência é apenas uma postura defensiva que, no entanto, por si só não consegue indicar uma alternativa. Nesse caso, não se deve dar poder a ela. Às vezes, nela se expressam medos. Devo levá-los a sério e tentar dar-lhes uma resposta e atenuar sua força. Também notei que é preciso paciência. E devo me resguardar de julgar. Minha primeira reação já foi uma vez: Este ou aquele é teimoso, ele simplesmente bloqueia tudo, ele é inflexível. Mas é importante me envolver com cada um, para que eu possa levar todos juntos no barco. Se, mesmo assim, alguns não quiserem acompanhar o processo, é a decisão deles, que devo respeitar. Numa empresa, um funcionário que toma uma decisão desse tipo talvez abandone a empresa. No mosteiro, temos de cuidar para engajá-lo futuramente ali onde ele não bloqueie, mas talvez possa sim aportar suas capacidades.

6
VALORES

AO ME CONVIDAREM PARA CONFERÊNCIAS, as empresas têm solicitado, nos últimos anos, de maneira cada vez mais frequente, o tema "gerir com valores" ou "valores e atividade econômica". Muitos dos que assumem responsabilidade na economia sentem que a longo prazo não podemos exercer a atividade econômica sem valores. Ao ignorarem valores, as empresas, a longo prazo, perdem o valor. Pois, quem ignora os valores, no fundo despreza o ser humano e, por consequência, também a si mesmo. Um clima de desprezo pelas pessoas e de desprezo próprio logo desvaloriza uma empresa. O capital desaparece. As pessoas que foram desprezadas e desprezam a si mesmas perderam qualquer sentimento de identidade. Desse modo, uma empresa desaba em si mesma.

Hoje muitas empresas buscam novamente adotar valores. Elas propõem um princípio orientado por eles. Uma empresa suábia a vestiu na fórmula: "Valor agregado por meio de apreço". Entrementes, há pesquisas no universo empresarial que mostram que as companhias que se orientam por valores a longo prazo com o passar do tempo têm mais sucesso do que aquelas que só estão interessadas em dinheiro rápido. Quando, porém, falamos de valores, não devemos fazê-lo de modo moralista, mas atraente. Porque se provocarmos nas pessoas apenas uma consciência pesada, elas não se interessarão pelos valores. Os valores tornam a vida valiosa. A longo prazo, os valores conferem valor à própria empresa. Os valores também têm algo a ver com dignidade. Eles protegem a dignidade do ser humano. Quem vivencia a si mesmo como valioso não necessita desvalorizar os outros. Pode se alegrar no valor do outro e reconhecê-lo e incentivá-lo. Quem, no entanto, vivencia a si mesmo como alguém desprovido de valor, precisa humilhar constantemente os outros, a fim de poder suportar a si mesmo.

O termo latino para valor, *virtus*, significa: "força, fonte de força". Valores são fontes das quais haurimos energia. O termo inglês para valor, *value*, vem do verbo latino *valere*, que significa "ser saudável" e "ser forte". Valores mantêm "sadios" a nós e ao nosso convívio e fortalecem nosso trabalho conjunto.

Já há 2.500 anos os filósofos gregos, principalmente Platão, descreveram os quatro valores fundamentais do ser humano: a justiça, a fortaleza, a temperança e a prudência.

A tradição cristã os adotou da filosofia grega e os chamou de "virtudes cardeais". A esses valores ela ainda agregou três virtudes cristãs: fé, esperança e amor. Independentemente da cultura ocidental, esses valores estão ligados à natureza fundamental do ser humano. Eles protegem a dignidade do ser humano em todas as religiões e culturas – ainda que tenham nomes diferentes nas diversas línguas do ser humano – e ainda hoje têm validade.

A justiça pode ser mencionada como o primeiro valor fundamental do ser humano. Segundo Platão, justiça significa em primeiro lugar: fazer justiça a si mesmo, fazer justiça a sua essência, estimar de maneira correta sua alma e seu espírito. Quem faz justiça a si mesmo não se deixa dobrar, ele segue seu caminho de maneira ereta e honesta. Ele também soerguerá os outros, e aí a justiça tem um componente social: fazer justiça ao outro ser humano. Os latinos dizem a esse respeito: *suum cuique* – dar a cada um o seu. É o que leva à justiça entre as pessoas: distribuição justa dos bens, distribuição justa das oportunidades, chances de formação justas, salário justo.

Jesus chama de bem-aventurados os que têm fome e sede de justiça. Ele sabe que aqui na terra não alcançaremos uma justiça absoluta. Porém, sempre devemos nos esforçar para criar estruturas e oportunidades justas numa empresa e no mundo inteiro. "Quem semeia justiça, colhe paz", consta na Bíblia. Sem justiça não há paz numa empresa, nem numa família e tampouco no mundo. Quando predominam estruturas injustas numa empresa perde-se muita energia, pois as pessoas se consomem nelas e se rebelam contra elas, em vez de utilizar sua energia no trabalho. Quando tudo está ordenado de modo justo e correto, essa energia é liberada para o próprio agir e planejar. Nas relações injustas há conflitos constantes entre grupos rivais e no interior da hierarquia. Portanto, a justiça é realmente uma fonte de energia para o indivíduo e para uma empresa.

A justiça é, todavia, um valor que, numa empresa que atua globalmente, não pode valer apenas para um lugar. Uma empresa como a Puma deve ter o cuidado de tratar de modo justo as unidades de operação singulares nos diferentes países. O que ela faz deve ser justo e correto para todas as pessoas em todas as partes da terra. Empresas que possuem estruturas internas justas exportam não só mercadorias, mas também valores. Pelo sistema salarial justo e pelo tratamento justo de seus funcionários, elas criam um clima que se irradia também para a sociedade e contribui para cunhá-la.

O segundo valor, do qual já Platão fala, é a fortaleza. Ela significa a coragem de defender a própria convicção e de lutar por ela, ainda que se seja atacado ou ferido ao fazê-lo. O corajoso não se dobra. Ele permanece firme em si mesmo. Fortaleza não é teimosia, mas significa a disposição de responder perante os outros por mim mesmo e pelo que eu represento, ainda que seja rejeitado, criticado, até mesmo atacado. Hoje chamaríamos essa virtude de coragem de lutar pelos direitos civis.

Atualmente, muitas pessoas seguem a opinião da maioria. Porque elas não percebem nenhum valor em si mesmas, tornam-se dependentes dos valores de consentimento, tornam se pessoas que dizem sim, que se escondem na massa. A fortaleza significa a coragem de defender também decisões incômodas, quando se está convencido de sua correção. Nesse caso, a pessoa transmite suas decisões não de forma anônima, mas tem a coragem de olhar no rosto de cada indivíduo e, diante dele, defender sua própria opinião.

O terceiro valor, segundo Platão, é a justa medida ou a temperança. São Bento a chama de a moderação sábia, e, para ele, ela é a "mãe de todas as virtudes". Moderação não significa mediocridade. É, antes, a arte de lidar moderadamente consigo mesmo, com os outros e com a natureza. O que essa antiga virtude significa, chamamos hoje de sustentabilidade. São Bento conhece três termos para medida: *mensura*, *temperare* e *discretio*. *Mensura* significa a medida certa para a minha autoimagem. Hoje muitos ficam doentes porque fazem exigências desmedidas a si mesmos: acham que devem ser sempre bem-sucedidos, sempre perfeitos, sempre animados, sempre calmos, sempre otimistas. Os psicólogos são da opinião que a depressão disseminada hoje é um grito de socorro da alma contra essas exigências desmedidas feitas a si mesmo. A medida certa significa que avalio corretamente meus pontos fracos e meus pontos fortes.

A segunda palavra para medida, *temperare*, deriva do termo latino *tempus*, tempo. A medida certa se refere sobretudo à medida temporal. Quem trabalha permanentemente contra seu próprio ritmo interior logo está esgotado. C.G. Jung acredita que, quem trabalha no ritmo, é capaz de trabalhar mais. É o que se pode perceber, por exemplo, na natureza. Ela tem seu ritmo. Quem se envolve com seu ritmo, a longo prazo trabalhará de modo mais efetivo. Um caminho correto de descobrir seu próprio ritmo interior são os rituais. Eles me dão a sensação de que eu mesmo vivo, em vez de ser vivido de fora. Os rituais criam um tempo santo: um tempo que me pertence, sobre o qual nenhum ser humano pode dispor. Precisamos destes tempos santos, a fim de ficarmos curados, para estarmos inteiramente conosco mesmos. Os rituais fecham uma porta e abrem uma porta: Muitos não fecham, ao entardecer, a porta do seu trabalho. E, assim, nunca chegam realmente em casa. Eles não são acessíveis, continuam com seus pensamentos no trabalho. A esposa de um diretor universitário uma vez disse a seu marido: "Quando tu estás sentado na sala e nós estamos conversando um com o outro, quero conversar contigo e não com toda a universidade". Muitas vezes, o marido dela não fecha a porta da universidade. Desse modo, tudo o que o ocupa lá fica acumulado em sua cabeça e impede a comunicação com sua esposa. Para aquele que nunca fecha a porta do trabalho, também não se abre realmente a porta do seu lar. Ele nunca está lá onde ele está. Ele está, de certo modo, sempre de passagem.

A terceira palavra para medida, *discretio*, significa o dom a distinção. Preciso de um bom-senso para o indivíduo. Eu não deveria avaliar todos pela mesma medida, mas imaginar o que cada um precisa, qual é a sua medida. Quando conheço a medida do outro, posso avaliá-lo e aproveitá-lo melhor. Nesse caso, ele também pode se tornar uma bênção para uma empresa. Desse modo, não o sobrecarrego, mas lido de maneira sustentável com seus potenciais.

A quarta virtude é, segundo Platão, a prudência. Significa a capacidade de tomar a decisão correta para o momento, o que é possível e desejável sob as circunstâncias concretas da economia mundial e a situação numa empresa. A prudência se despede de ideais muito elevados. Ela significa a capacidade de ligar as grandes ideias com a realidade cotidiana. Tomás de Aquino, um dos mais importantes doutores da Igreja e filósofo medieval, acredita que prudência (latim: *prudentia*) deriva de providência (latim *providentia*). A prudência precisa de um horizonte mais amplo. Precisa da visão. Somente quando tenho uma visão, quando olho além do momento, posso decidir corretamente agora, neste momento. O prudente tem um senso para as pessoas. Ele prevê como irá se comportar. O prudente é sempre um visionário, alguém que vê mais fundo, que antevê e é cauteloso. Ele não só age, mas primeiro olha exatamente o que ele faz e para onde isso leva. O termo alemão *klug* tem o sentido de "culto, inteligente, sábio". O ser humano prudente é sempre também um ser humano sábio. Em latim, sábio se chama *sapiens* e vem de *sapere*, que significa "ter sabor de". Para os latinos, o sábio é aquele que pode ter gosto de si mesmo, que gosta de si mesmo.

Além desses quatro valores fundamentais da filosofia grega, a tradição cristã proclamou três outros valores: a fé, a esperança e o amor.

Quanto à fé, não se trata apenas de crer em Deus, mas também de acreditar nas pessoas. Quem crê em Deus deve acreditar também nas pessoas criadas por Deus. A fé em Deus nos dá a certeza de que aquilo que fazemos tornar-se-á bênção para o mundo. Ele nos liberta de ficarmos o tempo todo nos perguntando se fazemos tudo certo e o que os outros podem estar pensando de nós. Confiamos que Deus permitirá que aquilo que assumimos e decidimos se torne uma bênção para a empresa, bem como uma bênção para as pessoas. Se o que fizermos trará bênção, é algo que não depende apenas da nossa inteligência ou da nossa força, mas, no final das contas, de Deus. A fé nos oferta em Deus o nosso fundamento. É o que nos liberta do juízo das pessoas. Minha experiência mostra que os executivos que creem em Deus são mais tranquilos. Eles se sentem amparados por Ele ou – como muitos formulam – por um poder superior.

São Bento pede de nós, monges, que vejamos Cristo em cada irmão e em cada irmã. Devemos, pois, acreditar na essência boa que há em todo ser humano. Isso não significa que andemos por aí com um óculos cor-de-rosa, imaginando que todas as pessoas são apenas boas. Mas nos recusamos a definir os outros por causa da impressão negativa que muitas vezes causam. Fé significa ver o outro na essência e, na sua essência, identificar o anseio pelo bem. Quando acredito no bem que há nos outros, também posso despertá-lo.

O poeta judeu Paul Celan disse uma vez que não há fé sem linguagem nem linguagem sem fé. É na linguagem que identifico se eu creio ou não. Hoje, em muitas empresas e em muitas partes da sociedade, se fala uma linguagem fria, que despreza o ser humano, uma linguagem que julga e condena. A linguagem da fé é uma linguagem calorosa, que vem do coração e que dá nome ao lado bom no ser humano. Na maneira de falar para as pessoas e sobre as pessoas, sei se acredito nelas ou se, no fundo, sou incrédulo. Muitos executivos que sempre querem motivar seus funcionários não acreditam neles, em sua essência boa. A fé desperta o bem nos funcionários. É uma força ativa que move algo no ser humano: Quando acredito numa pessoa, possibilito a ela mesma acreditar em si.

A fé deve se tornar audível e vivenciável na maneira de falar com e para os funcionários. Com a linguagem construímos uma casa. A questão é, então, se construímos uma casa da fé ou da descrença, uma casa fria que qualquer um gostaria de deixar o mais rápido possível, ou uma casa aconchegante em que as pessoas gostam de passar o tempo umas com as outras e de colaborar no trabalho.

O segundo valor cristão é a esperança. O poeta italiano Dante Alighieri acredita que sem esperança a vida vira um inferno. Ninguém pode ser pai ou mãe sem esperança. Ninguém pode dirigir uma empresa ou um grupo sem ter esperança. Esperança é algo diferente de expectativa. A expectativa que deposito numa pessoa ou numa empresa pode ser frustrada. Esperar, por sua vez, significa: Eu espero por ti e de ti. A esperança nunca pode ser frustrada, pois nunca abandono a esperança de que o outro pode mudar.

O Apóstolo Paulo diz: Esperamos aquilo que não vemos. Espero de um funcionário aquilo que ainda é invisível. Não o abandono. Confio que ele irá se desenvolver. Ernst Bloch, o filósofo da esperança, acredita que somente é valioso aquilo que está entrelaçado de esperança e que transmite esperança. Um bom arquiteto não constrói simplesmente casas, mas constrói esperanças: de proteção, de lar, de segurança, de beleza. Uma empresa será valiosa a longo prazo somente se oferecer esperança com sua maneira de tratar seus funcionários e seus clientes, e com seus produtos. Na relação com os clientes posso transmitir, pelo meu carisma, a esperança de que vale a pena viver, de que podemos tornar a vida mais valiosa. E, no caso dos meus produtos, eu sempre deveria me perguntar se eles transmitem aos compradores a esperança de que sua vida será mais valiosa, mais bela, mais humana e mais gratificante.

O último valor – o amor – talvez pareça muito piedoso para muitas pessoas. Segundo a filosofia grega e também a Bíblia, ele não é tanto um mandamento, mas antes uma fonte da qual podermos haurir. Ele é um poder que transforma nossa vida. Em toda pessoa, essa fonte borbulha de bondade e amor. Na primeira Epístola de João, no Novo Testamento, pode-se ler que Deus é amor. E quem está no amor, está em Deus. No amor, todos temos parte em Deus.

O amor é, no fundo, uma fonte de energia. Se, por exemplo, eu for a um encontro com o sentimento: Agora terei de discutir com essas pessoas esquisitas, aí certamente ficarei com dor de cabeça depois. Porém, se for lá com uma atitude básica de benevolência, surgirá uma outra energia. E, depois, muitas vezes, sentir-me-ei renovado interiormente. Na psicologia fala-se de "tomadores de energia" e de "doadores de energia". Uma reunião em que todos lutam contra todos tira toda a minha energia. Se, porém, for para uma reunião com benevolência, isto é, com amor, apesar de duas horas de trabalho, sairei dela renovado: Eu recebi energia. No fundo, poderei entusiasmar os funcionários para os objetivos que lhes apresento somente se eu os amar. Pois se eles sentirem que os desprezo, que nada me agrada neles, eles tampouco poderão ser motivados. Ou para dizê-lo na linguagem de Jesus: "As ovelhas o seguem porque conhecem a sua voz. Não seguem o estranho, mas fogem dele, pois não conhecem a voz do estranho" (Jo 10,4s.). Quem ama seus funcionários, conhece-os, e eles o conhecem. Quem os despreza, dele eles fogem, aí eles tomam cuidado. Eles se escondem atrás de um serviço por prescrição. Mas eles não me seguirão na direção que eu estipulo e que eu mesmo lidero.

Os valores tornam a vida valiosa e, a longo prazo, agregam valor a uma empresa. Para os executivos é uma importante tarefa não só viver exemplarmente os valores, mas transmiti-los aos funcionários de tal modo que eles mesmos também tenham prazer em vivê-los segundo o modelo apresentado. Quando se "fica para trás" dos valores com uma consciência pesada, eles não produzem um clima de recomeço e vitalidade, mas antes sobrecarregam a empresa com exigências moralizantes. É o que leva uma pessoa a suspeitar da e julgar a outra, a só defender os valores da boca para fora, mas não vivê-los, ela mesma. É nossa tarefa promover os valores de modo a despertar nos funcionários o amor à vida e a disposição para a tarefa conjunta.

Anselm Grün

Monge e executivo em diálogo

♦ ♦ ♦

JOCHEN ZEITZ • A Bíblia transmite esses valores; ela, no entanto, à primeira vista, tem pouca influência nas empresas. No mundo multicultural em que vivemos, muitos empregados têm distintos panos de fundo religiosos, outros são ateístas, agnósticos ou buscam pelo sentido da vida. No entanto, acredito que, assim como o ar que respiramos, a influência da Bíblia existe em toda parte de maneira completamente inconsciente. Por causa da forma com que muitos de nós foram educados e pensam, uma parte do conteúdo da Bíblia influencia e direciona a maneira de tratarmos as pessoas e a natureza.

Em muitos de nós, por causa de nossa educação e de nosso desenvolvimento cultural numa sociedade cristã, a Bíblia determina em nosso inconsciente – na forma dos dez mandamentos e de outros ensinamentos – muitas normas fundamentais do convívio humano. Essas normas excedem um horizonte religioso, se estendem a todas as esferas da sociedade, também ao mundo empresarial.

É verdade que existem empresas cristãs em que os empregados oram conjuntamente nas pausas e em que se exige um comportamento quase sacerdotal no local de trabalho. Eu mesmo presenciei isso numa empresa coreana em que os funcionários tinham de caminhar pela manhã e orar durante o dia. Entretanto, parecia ser mais aparência do que cristianismo realmente vivido. No entanto, a maioria das empresas se orienta, antes, pelos valores seculares, e, em algumas, a mentalidade da "sociedade do cotovelo" ou do *survival of the fittest* aparece no lugar do mandamento: "Ama teu próximo". Na minha opinião, é tarefa do executivo exercer seu cargo com o máximo de bom-senso e prudência possível, de modo que ele possa propiciar equilíbrio e inspiração no local de trabalho, não importa se, nesse caso, ele se apoie de modo consciente ou tácito nos ensinamentos da Bíblia, da Torá, do Tao, do Corão ou de outros livros sagrados ou sapienciais.

ANSELM GRÜN • Também conheço empresários cristãos que, na verdade, respeitam a Bíblia, mas em seu comportamento, mesmo assim, não estão marcados pelo seu espírito. Antes, usam a Bíblia para se sobreporem aos outros em sua postura administrativa. Eles justificam sua atitude com a Bíblia, em vez de permitir que esta os questione. Para mim, a tarefa consiste em me deixar contagiar frequentemente pelas palavras de Jesus. E essas palavras se referem principalmente à maneira de lidar com as pessoas, se as animo e encorajo a acreditarem em si e em seus pontos fortes, se eu mesmo lhes comunico confiança ou as condeno. A Bíblia é, para mim, um desafio permanente de me deixar cunhar pelo Espírito de Jesus.

A Bíblia é o livro que leio repetidamente e pelo qual busco orientar meu pensar e agir. Mas não devo usá-la como uma arma e ordenar que os outros também devam se orientar por ela. Isso seria contraproducente. Antes, gostaria de me esforçar repetidamente para que o espírito da Bíblia possa ser experimentado pelos funcionários e clientes através de mim e também através de meu convívio com as outras pessoas. Mas nós, como monges, não saímos pelas ruas apregoando com a Bíblia. É, antes, o seu espírito que nos cunha.

JOCHEN ZEITZ • Seja com base em uma convicção religiosa ou não: Hoje, os executivos devem seguir em seu trabalho ativamente uma cadeia de valores claramente definidos. Na contratação de empregados, um número cada vez maior de gestores de pessoal atribuem importância não só à competência, mas também à inteligência social. Mais importante do que nunca antes, são as capacidades dos executivos de gerenciar para além das fronteiras éticas, culturais e de gênero, mostrar empatia e ao mesmo tempo "reunir as tropas". Eles têm de convencê-los da visão da empresa e encorajá-los e apoiá-los em sua aspiração ao sucesso pessoal.

A propósito, "reunir as tropas": Na Puma, banimos qualquer referência ao vocabulário de guerra e aos símbolos de guerra. Sempre achei extremamente desagradável quando um de nossos concorrentes falava, por exemplo, de "guerra pelo mercado do futebol". Há anos proibimos essa prática, uma vez que esse vocabulário realmente nada tem a ver conosco.

A honestidade parece ser hoje um bem realmente precioso. Na primeira década do novo século, a verdade foi negada repetidas vezes, de modo consciente ou inconsciente. Não só no mundo dos negócios, também no esporte, na política, ou seja, na sociedade inteira. É um motivo por que, para nós da Puma, foi tão importante realçar a honestidade como um dos nossos valores principais e valores-chave, também para sanar, ou seja, minimizar nossos próprios déficits com respeito a esse tema.

Também o fator transparência dificilmente pode ser superestimado. Exigimos transparência absoluta na esfera extraoperacional nas áreas da sustentabilidade ecológica e social. Desse modo, na Puma ficamos imensamente alegres porque, recentemente, o nosso relatório de sustentabilidade foi destacado com o conceito "excelente" pela Global Compact, uma iniciativa das Nações Unidas.

ANSELM GRÜN • O que o senhor designa de honestidade e transparência, eu gostaria de chamar de veracidade. E eu também acho que essa virtude parece ser, particularmente nos dias de hoje, especialmente importante para uma convivência benéfica e próspera na economia. Honestidade se refere mais a um comportamento exterior: Eu ajo de modo a honrar o outro e também a conservar a própria honra. Veracidade significa, em primeira linha, uma atitude do ser humano em relação a si mesmo. Verdadeiro é quem está de acordo com sua essência interior. Quem é verdadeiro em si dessa maneira, também diz a verdade e em todo seu comportamento expressa que se pode confiar nele, que ele pensa da maneira como diz e se comporta. Veracidade é a condição para que a nossa humanização dê certo. Ela é a virtude que nos leva a sermos completamente nós mesmos, a sermos autênticos.

Veracidade também é a condição de uma comunidade resistente. Isso vale para uma empresa bem como para uma sociedade. Pela mentira se destrói a comunidade. A longo prazo, uma empresa somente poderá existir se enfrentar a verdade, se buscar viver internamente aquilo que defende externamente. Tal veracidade produz um sentimento de confiança. Os funcionários podem confiar nos dirigentes e os clientes, na empresa e nos seus produtos. Nesse caso, a confiança é mais importante para os clientes do que uma vantagem de preço de curto prazo.

Hoje, muitos anseiam por pessoas e empresas em que elas possam confiar. Quando dizemos: "Nesta pessoa há confiança", queremos dizer: Podemos confiar nela. Ela é leal, honesta, digna de confiança. Isso nos dá um sentimento de segurança. Não precisamos conferir tudo. Podemos confiar no seu trabalho e na sua palavra. O ser humano verdadeiro sempre é também um ser humano confiável. E uma empresa que defende a veracidade e busca vivê-la, irradia confiabilidade para os seus clientes. Desse modo, ela produz neles o sentimento de segurança.

JOCHEN ZEITZ • Além dos valores baseados na tradição grega e cristã mencionados pelo senhor, há um conceito que não tem nada em comum com a ética dos valores e, no entanto, é um componente fixo de nosso uso da linguagem: dinheiro como valor.

Enquanto o psicanalista Sigmund Freud argumentava que somos motivados, no final das contas, pelo sexo e pelo nosso inconsciente, e o filósofo Friedrich Nietzsche afirmava que somos movidos pelo poder, para o socialista Karl Marx uma explicação econômica da sociedade era a mais evidente. O dinheiro desempenha um papel em todos os lugares; segundo Karl Marx, desempenha até o papel mais decisivo na vida do indivíduo cujo principal desejo e ambição é a multiplicação do seu capital: "O dinheiro governa o mundo", essa é, na sua opinião, a explicação para o conjunto da história.

No modelo econômico de hoje, estabelecemos, no Ocidente, um padrão com base no qual se afere o conjunto da atividade econômica. Em resumo, esse modelo chega à seguinte conclusão: Dinheiro = valor. Foi criado um sistema – global e compartilhado – de valor da moeda no qual se afere segundo parâmetros monetários. Possivelmente, estão incluídos valores tradicionais, mas o objetivo último consiste em obter, por meio do aumento do lucro, um *shareholder value*, portanto, um valor monetário para os acionistas.

Inicialmente o dinheiro e o sistema de preço foram úteis para a sociedade, pois ofereciam uma possibilidade simples de mensurar o valor relativo dos bens materiais. Porém, em nosso mundo moderno com bilhões de unidades monetárias transferidos eletronicamente em segundos, pergunto-me se, em geral, ainda conseguimos avaliar o volume e o valor do dinheiro. A definição de dinheiro deixou de ser estática, se é que algum dia foi, e seu valor não depende mais apenas da cultura, do mercado e da década em que nos encontramos, mas depende muito mais do meio com que está garantido – se em geral – nesta economia global atormentada por dívidas.

ANSELM GRÜN • O problema da economia monetária atual é, como sabemos, que o dinheiro se torna cada vez mais independente da atividade econômica. No passado se dizia que uma empresa precisa lucro para reinvesti-lo e assim possibilitar crescimento e uma boa continuidade. Hoje muitos bancos especulam no mercado financeiro independentemente da atividade econômica. Mas com suas especulações eles podem levar economias nacionais inteiras à ruína ou compelir certos mercados numa direção que no fundo não beneficia ninguém, somente os especuladores. Nossa circulação monetária se torna cada vez mais virtual, sem que fluam fluxos monetários reais. Esse é o primeiro problema que precisa ser enfrentado não só pelos mercados financeiros, mas também pelos diferentes governos.

O outro problema é como nos relacionamos com o dinheiro. Nós precisamos dele para viver. Mas não vivemos para ganhar o máximo de dinheiro possível. O dinheiro serve ao ser humano e deve, no fundo, servir também à natureza e à sua continuidade. Quando ganhamos dinheiro com a exploração da criação, trata-se de dinheiro ruim, contrário à natureza. No entanto, nós precisamos colocar o dinheiro a serviço da natureza e não saqueá-la para obtê-lo.

A ideia do dinheiro desencadeia em cada pessoa algo diferente. Uma se recorda que, já na infância, não recebia a parte devida. A outra percebe a sua cobiça, pois não consegue ganhar o suficiente, porque com o dinheiro precisa preencher o seu vazio interior. Por conseguinte, também é preciso sempre uma maturidade humana e espiritual, a fim de poder lidar adequadamente com o dinheiro. O dinheiro serve à vida do ser humano. Portanto, o dinheiro nunca deveria se tornar autônomo, mas sempre ser colocado a serviço do ser humano. Somente nesse caso o dinheiro se torna bênção e não maldição. O dinheiro nunca deve se tornar o valor mais importante, seja para uma pessoa, uma sociedade ou uma empresa. O valor do dinheiro significa algo diferente do que os valores da filosofia grega ou da tradição cristã. Os valores realçam a dignidade do ser humano; os valores são incorporados – se quisermos assim, uma pessoa que vive de acordo com eles é, ela mesma, este valor. Por outro lado, o valor do dinheiro é mensurável, o dinheiro tem um valor, mas não é um valor. Desse modo, já no uso da linguagem fica evidente que a diferença entre valores em si e o valor do dinheiro está em que um significa ser, o outro ter.

7
Agir ético
Com valores rumo ao sucesso

NO FINAL DO ANOS DE 1990, quando eu ainda estava concentrado na recuperação econômica da nossa empresa, meu vice e substituto Martin Gänsler já me pressionava para reorganizar a produção e designar um responsável para as áreas ambiental e social. Sua proposta era organizar e modificar nossos métodos e sistemas de trabalho, a fim de levar em consideração, de modo mais decidido, os elementos ambientais e sociais. A Puma se tornou precursora nessa área. Chamávamos nossos principais padrões internos de Puma-Safe. "Safe" é a abreviação de Social Accountability and Fundamental Environmental Standards.

Além disso, logo reagimos positivamente às denúncias feitas contra nós pelas Organizações Não Governamentais. Desde 1999 tomamos todo o cuidado para produzir somente naquelas fábricas em que se asseguram os nossos padrões Safe de saúde, segurança e salários mínimos. É nosso objetivo, em todas as nossas fábricas no mundo, elevar os salários dos trabalhadores sem qualificação a um nível que assegure a sua existência, que garanta um padrão de vida para a família inteira, uma educação para as crianças, bem como a possibilidade de fazer uma poupança no respectivo país. Nossos padrões Safe tomam por modelo, entre outros documentos, a Declaração Universal dos Direitos Humanos das Nações Unidas. Permanece a questão: Isso é suficiente do ponto de vista ético para uma empresa financeiramente forte como a nossa?

Um famoso enigma africano indaga: "Como se come um elefante?" O Prêmio Nobel da Paz Desmond Tutu respondeu: "É bem simples, pouco a pouco (ou: pedaço por pedaço)". Sei, portanto, que não é uma pessoa, nem uma corporação e tampouco um único governo que restabelecerá o equilíbrio ecológico do mundo. Mas aqueles que quiserem mudar alguma coisa podem enfrentar pouco a pouco os problemas mais importantes. Além disso, cada um deveria utilizar sua responsabilidade profissional como oportunidade e começar com ela em seu ambiente pessoal.

É verdade que, já há mais tempo, se aplicam diretrizes éticas oficiais na Puma bem como em muitas outras empresas. No entanto, o que, muitas vezes, caracteriza códigos e documentos semelhantes é que apenas são lidos uma vez pelos empregados e, em seguida, guardados numa gaveta. Até mesmo a empresa Enron tinha um código de ética. É evidente que o problema, neste caso, foi que os diretores e funcionários não o implementaram. Eu quis transformar a Puma numa espécie de anti-Enron – numa empresa que procura viver sua ética diariamente.

Parecia-me importante estabelecer, para nossa empresa, uma diretriz ética simples, compreensível e superior: leal, honesto, positivo e criativo. Esses quatro valores-chave, que chamamos de as *4 keys*, servem de fundamento para nós. Eles orientam todas as nossas decisões, ações, processos e práticas empresariais. Nós os definimos da seguinte maneira:

LEAL: Na Puma, "leal" significa equilibrado. Consideramos sempre os dois lados e resistimos às influências que poderiam nos impor um modo de pensar, um método de trabalho ou um estilo de vida extremos. Estamos abertos a todos e rejeitamos discriminação e preconceitos baseados em gênero, raça, religião, convicção política, preferência sexual ou estilo de vida. Ser leal significa também ouvir tanto quanto falar, e dar tanto quanto receber.

HONESTO: "Honesto" significa sincero. Não queremos fazer de conta, mas permitir que as nossas palavras venham acompanhadas também de ações. Investiremos nosso dinheiro, nosso tempo e nossa energia nos objetivos que definimos. Ser honesto significa também reconhecer os erros e assumir responsabilidade – isso vale para a empresa como um todo e para cada pessoa singular.

POSITIVO: "Positivo" significa construtivo. Construímos coisas – e também seres humanos – e não as destruímos. Propomos e trabalhamos para alcançar soluções, em vez de fazer críticas. Apoiamos as tentativas dos outros, encorajamo-los em caso de fracasso, festejamos com eles quando têm sucesso. Agir positivamente significa também dizer com maior frequência "podemos" do que "não podemos".

CRIATIVO: "Criativo" significa imaginativo. Olhamos para além do próprio nariz ou para fora da caixa de calçado; procuramos soluções para um problema e não desistimos quando os obstáculos são grandes. Trilhamos novos caminhos, consideramos novas ideias e testamos novas estratégias. Ambicionamos a solução mais inovadora, pois simplesmente apenas "bom o suficiente" nunca é bom o suficiente. Ser criativo significa também ter sonhos e permitir que esses sonhos se tornem realidade em nosso mundo pessoal, no mundo da Puma, no mundo exterior.

Na realidade, os quatro valores-chave também são decisivos para o meu agir pessoal. Eles me auxiliam a verificar e ajustar continuamente o meu pensamento. Sem dúvida, eles serão minha orientação também no futuro. Tenho a impressão de que ocorre algo bem parecido com muitos colegas na empresa com quem eu trabalho em estreita colaboração.

É claro que não gostaria de parecer ingênuo. Friedrich Nietzsche destacou uma vez que ética e moral podem muito bem ser também subjetivas. De fato, toda cultura contém valores e práticas éticas que não se harmonizam entre si ou até mesmo se contradizem. Nesse contexto, Nietzsche marcou a expressão "perspectivismo" e, com ela, referia-se ao fato de que descobrimos todas as formas possíveis de afirmar os próprios pontos de vista morais perante os outros ou até mesmo impô-los aos outros. Apesar disso, também há evidências de que muitas pessoas, a despeito das diferenças culturais e pessoais, perseguem objetivos comuns como a justiça e a paz no mundo. Na Puma, há muito tempo já definimos a paz e a segurança – inclusive condições de trabalho mais seguras para todos os empregados – como objetivos relevantes.

Não vivemos num mundo ideal. Muitas vezes, os executivos precisam abreviar processos, tomando decisões abstratas no nível empresarial. É difícil avaliar os impactos dessas decisões no nível macro sobre o mundo micro dos departamentos e dos indivíduos. Bom-senso, *feedback* dos envolvidos e sua inclusão no todo são necessários neste caso.

A definição de nossos quatro valores-chave foi o primeiro passo – na imagem africana do elefante a ser comido, apenas um pequeno pedaço. Nossa visão Puma em nada altera a situação crítica geral do mundo.

Ainda há muito a fazer

Intensificamos nossa ação em muitos níveis: Além da proteção ambiental e da observância de padrões sociais na produção e na distribuição em todo o mundo, hoje é cada vez mais importante a procedência das nossas matérias-primas. No futuro, queremos assegurar que também estas sejam cultivadas, ou seja, produzidas de modo sustentável e socialmente justo.

Um passo seguinte ocorreu há alguns meses: A Puma investiu numa empresa de turismo africana que administra, ao todo, dois milhões de hectares de terra em regiões ao sul do Saara. Ela oferece safáris e, neles, estabelece exigências elevadas de proteção ambiental e de apoio às comunidades envolvidas. No futuro, esse investimento deve possibilitar para a Puma contribuir como empresa para proteger a diversidade das espécies e para compensar nossa "pegada" de CO_2. Isto é: A poluição climática causada pela empresa deve ser compensada em outro lugar por meio do reflorestamento e de medidas similares.

Para mim foi importante, para além da minha atividade específica na Puma, engajar-me com tempo e dinheiro de modo inteiramente privado. Por conseguinte, fundei em 2009 a Zeitz Stiftung (Fundação Zeitz) voltada à proteção intercultural da ecosfera: Ela fomenta iniciativas privadas no mundo inteiro, por exemplo, empreendimentos turísticos e agrícolas que realizam seus negócios em harmonia com a proteção ambiental, a comunidade local e sua cultura. Por meio dela, gostaria de dar a minha parcela de contribuição para conservar para o futuro alguns lugares neste planeta.

Parto da ideia de que, embora não tenhamos ilusões exageradas acerca da nossa própria importância, certamente, como expressou o grande escritor russo Fiodor M. Dostoievski, podemos unir nossa luz às luzes dos outros.

Juntas essas luzes propiciam uma visão melhor, mais calor e mais esperança.

É possível que os executivos reconheçam, entrementes, que contribuíram de modo significativo para criar os grandes problemas mundiais e que agora podem ajudar a enfrentar ativamente esses problemas e alertar para eles. Pelo agir ético, podemos e devemos – cada um por si, em grupo ou de modo mais amplo – administrar dando bom exemplo. Para mim, esse agir é hoje uma obrigação incondicional, similar ao "imperativo categórico" do filósofo Immanuel Kant. Agir ético é a chave para uma noite agradável e para um dia benéfico e gratificante.

Jochen Zeitz

Monge e executivo em diálogo

♦ ♦ ♦

ANSELM GRÜN • Não deveríamos ficar admirados com o fato de, exatamente na época atual, terem surgido tantas comissões de ética? Em seus objetivos, muitas vezes elas se referem a questões médicas e biotecnológicas. Para elas, trata-se sobretudo da questão do ser-permitido. À economia certamente também faria bem se os eticistas econômicos se unissem e refletissem sobre a ética válida para todas as empresas no mundo. Entretanto, não se trata de essas comissões de ética determinarem a atividade da economia, mas de despertarem uma consciência empresarial a respeito dos parâmetros a serem seguidos hoje na atividade econômica e precisamente também na relação com a natureza.

A filosofia concebe a ética como a reflexão metódica sobre o agir do ser humano, se é bom ou ruim, permitido ou proibido. Há diversas formas de ética. Uma se orienta pelas virtudes, a outra por princípios e normas. Uma terceira se refere a condutas num contexto bem determinado. Neste sentido, fala-se de ética profissional, ética econômica, ética médica. Toda esfera do agir humano também precisa de uma base ética. Se o ser humano dotado de razão simplesmente agir sem refletir sobre a ação, o seu agir ficará aquém da sua dignidade, pois faz parte da dignidade do ser humano refletir sobre o seu agir e esclarecê-lo e fundamentá-lo com argumentos filosóficos e teológicos.

A ética filosófica não se dá por satisfeita com os costumes do passado. Ela reflete de modo geral sobre se o agir do ser humano corresponde à sua essência e à sua natureza. Sem reflexão o ser humano simplesmente seguiria apenas aquilo que os outros lhe ordenassem. A ética quer identificar o que é o bem e como o ser humano pode obter o conhecimento do bem. A máxima suprema da filosofia grega, principalmente do estoicismo, é, portanto: Age de acordo com a natureza! Por conseguinte, a ética também está interessada nas leis naturais. O que significa agir de acordo com a natureza, isso nós não identificamos de uma vez por todas, mas, dependendo da situação, recebe muitas vezes uma nova coloração. Ao falarmos da natureza hoje, nos referimos não só à natureza do ser humano, mas também à natureza que nos cerca, à criação de Deus. E percebemos que ética sempre deve ser também ética ambiental. Esse aspecto quase não estava em vista na época em que os estoicos criaram seus sistemas teóricos, mas naquele período o ser humano ainda vivia, em grande parte, em harmonia com a natureza que o cercava. Na realidade, a destruição do ambiente não era um tema.

JOCHEN ZEITZ • Precisamos de códigos, princípios e diretrizes para o nosso agir ético. No entanto, é preciso mencionar que direito e lei não é a mesma coisa que ética. Leis, sozinhas, não podem garantir o agir ético, e leis tampouco cobrem todo o espectro das decisões morais que devem ser tomadas pelas pessoas.

Na maioria dos países, as leis deixam muitas perguntas em aberto, que ficam a critério da decisão do indivíduo. Além disso, em muitas partes da Terra as pessoas transgridem conscientemente a lei. Permita-me citar um exemplo prático que muitos de nós mesmos experimentamos ou vimos pelo menos em uma área e que ilustram ambos os pontos: Pesquisas revelam que os cidadãos de muitos países conscientemente andam a uma velocidade acima do limite estabelecido legalmente. Porém, na maioria dos casos em que veem pessoas feridas num acidente de trânsito, esses mesmos cidadãos reduzem a velocidade para pedir ajuda pelo telefone ou param para ajudar os feridos se ainda não houver socorro no local. Em alguns países não há uma obrigação legal de parar ou solicitar ajuda pelo telefone, e, mesmo assim, as pessoas que ali vivem fazem-no porque é eticamente correto e humano. Quando, por outro lado, consideram uma lei injustificada, por exemplo, no caso de um limite de velocidade, elas simplesmente a ignoram, ainda que isso seja ilegal.

Tomemos um outro exemplo, desta vez do mundo empresarial: Em muitos países, a reciclagem não é prescrita por lei. Mas para muitos de nós é, entrementes, aético simplesmente jogar no lixo toneladas de dejetos industriais reutilizáveis. Nestes países, as leis permitem formas simples e cômodas para eliminar o lixo; porém, não podemos fazer isso de boa consciência, mas devemos ter o cuidado de causar o mínimo dano possível à natureza.

ANSELM GRÜN • Pode ser que as empresas, nessas situações, devam estabelecer, por exemplo, diretrizes próprias. Estas, entretanto, não substituem a obrigação dos responsáveis e funcionários de examinar permanentemente a si mesmos e questionar o próprio agir. Também nós monges não somos naturalmente melhores que os funcionários de uma empresa. Entre nós há empregados que trabalham de maneira mais consequente e altruísta que alguns de nossos irmãos. Também como monge a pessoa pode se acomodar na vida. Mas, do ponto de vista da sua estrutura básica, o monge é uma pessoa que, durante a sua vida, busca a Deus, como diz Bento. No aspecto humano, significa que ele nunca fica parado, mas sempre continua tentando se tornar mais autêntico, mais permeável ao Espírito de Deus. Isso nem sempre dá certo, pois também um monge traz junto para o mosteiro a sua história de vida, muitas vezes marcada por feridas e cicatrizes.

Isso vale igualmente para mim, embora muitos me vejam como instância moral. Não me considero um modelo. Tampouco copiei modelos. Apesar disso, houve pessoas que me impressionaram e despertaram em mim algo que eu quis desenvolver. É o caso de Henry J.M. Nouven, o teólogo e psicólogo holandês que me fascinou pela sua busca sincera e ao mesmo tempo pela sua sensibilidade. É o teólogo alemão Karl Rahner, tema da minha tese de doutorado e que sempre pospôs sua pessoa ao seu trabalho. E entre eles estão irmãos como meu mestre de noviciado Padre Augustin Hahner, que irradiava uma grande bondade. Essas pessoas desencadearam algo em mim, mas tampouco elas foram perfeitas. Tinham seus limites e fraquezas. É o que as tornava simpáticas.

Quanto a minha pessoa, percebo o perigo de que algumas pessoas projetam muito em mim. Quando leem meus livros, imaginam que eu poderia resolver todos os problemas, seria sempre bondoso e compreensivo no trato com os outros e estaria sempre em harmonia comigo mesmo. Noto que devo me proteger de tais projeções, pois elas não me fazem bem. Elas me idealizam. Se eu mesmo me identificar com elas, tornar-me-ei cego para os meus pontos fracos. Então fico parado. Para mim é importante ser autêntico. Autêntico significa: Sou inteiramente eu mesmo. Busco cada vez mais entrar em contato com meu verdadeiro si-mesmo e vivê-lo também exteriormente, sem me deixar determinar pelas expectativas dos outros.

Sempre é perigoso se apresentar como modelo: "Olhem para mim: Assim vocês devem viver". Somente podemos nos esforçar para ser sinceros e verdadeiros e continuar a trabalhar em nós mesmos para que os valores que defendemos também resplandeçam em nós. No entanto, ao mesmo tempo é preciso a atitude da humildade, pedida repetidamente por Bento, para não "decolarmos", mas permanecermos no chão. Somente aqui podemos ir ao encontro das pessoas. Se decolarmos, planaremos sobre elas. Neste caso, não ocorre mais nenhum encontro, mas apenas mais projeção, que, no entanto, não ajuda efetivamente. No encontro somos repetidamente solicitados uma vez mais a fazer justiça agora a este ser humano e, em seguida, também àquilo que representamos em termos de valores.

JOCHEN ZEITZ • A partir da minha experiência, o próprio executivo precisa de um impulso ético interior, pelo qual ele se deixa guiar. Ele também reconhecerá que muitas pessoas gostariam de ver personalidades dirigentes como modelos de comportamento ético. Entretanto, um executivo também deve cuidar para não ser considerado uma projeção idealizada. Antes, ele é um *primus inter pares*, portanto, um primeiro entre iguais.

Pessoalmente, não tive como modelo uma pessoa singular, exceto John Wayne na minha juventude. Na minha opinião, inspirações e ideias para novas condutas nascem de âmbitos bem distintos e de maneiras de pensar bem diferentes.

ANSELM GRÜN • Empresas que se preocupam com a própria imagem sempre têm, além de diretrizes e regras, também um grande aporte de doações. Algumas criaram fundações para apoiar projetos sociais e ecológicos. Ou se engajam em áreas bem específicas, como Bill Gates, o fundador da Microsoft, que agora aplica seu dinheiro para se especializar no combate à malária.

Na Alemanha, o imposto eclesial serve, antes de tudo, para manter não só os sacerdotes, pastores e pastoras, mas também muitas instituições sociais, como creches, residências para deficientes e locais de assistência. Esse imposto do indivíduo é, portanto, uma contribuição para o bem social e religioso da população. Muitos alemães doam todo ano grandes quantias para projetos sociais, missionários e ecológicos. Eles sentem que querem partilhar sua riqueza com outras pessoas. É sua contribuição para o bem do ser humano. Além disso, poder ajudar aos outros com seu dinheiro também lhes faz bem e lhes propicia uma boa consciência. Eles não doam para cumprir preceitos éticos, mas porque têm em si mesmos a intuição de que não possuem sua propriedade material apenas para si mesmos, mas que, por meio dela, sempre têm também uma responsabilidade social. Aquele que cumpre com a sua responsabilidade social tem, ele mesmo, mais sucesso.

Nós monges não recebemos uma parcela do imposto eclesial, mas temos de sustentar financeiramente a nós mesmos. Doamos parte do que economizamos a outros mosteiros em regiões pobres, para ajudá-los no seu desenvolvimento. Também pedimos doações para certos projetos que gostaríamos que se tornassem realidade para as pessoas, sobretudo na África. Nós mesmos devemos ganhar nosso próprio sustento. No entanto, também pedimos doações para projetos que criamos para os outros, por exemplo, para as nossas escolas ou para a equitação terapêutica, a que as crianças deficientes podem recorrer gratuitamente. Não conseguiríamos financiar tudo isso sozinhos.

Quando se trata de doações, não fazemos isso, em primeira linha, segundo pontos de vista éticos. Agimos por solidariedade aos outros, porque a sua necessidade nos afeta. Ao reagir às necessidades dos outros, agimos espontaneamente de modo ético. Mas a ética sozinha não é uma motivação suficiente. Ela fica, por assim dizer, mais "na cabeça". É preciso um senso interior para aquilo que é bom, oportuno, útil e benéfico à vida.

A experiência revela: Quando apoiamos os outros generosamente, o dinheiro flui para nós outra vez a partir do outro lado. Quem sempre só acumula para si e se prende a isso, este muitas vezes também perde tudo de novo. Quem presenteia, é presenteado. Desse modo, aplica-se, inclusive à nossa experiência, o que Jesus diz: "Quem quiser salvar a sua vida, vai perdê-la; mas quem perder a sua vida por amor de mim e pela causa do Evangelho, há de salvá-la" (Mc 8,35). Ou uma outra figura a que Paulo recorre ao escrever para os cristãos ricos de Corinto por ocasião da coleta para as comunidades pobres em Jerusalém: "Quem pouco semeia pouco também colhe; quem semeia com abundância também colhe com abundância" (2Cor 9,6).

JOCHEN ZEITZ • Na Bíblia também consta que se deve dar o dízimo: "Trazei o dízimo integral ao meu tesouro" (Ml 3,10). Na minha opinião, isso significa: Quando estamos bem e alcançamos equilíbrio, felicidade e, possivelmente, prosperidade, devemos partilhar isso com aqueles que não se encontram numa situação tão boa. Mas a decisão de doar aos outros deveria ficar a critério das próprias pessoas, instituições ou empresas envolvidas.

Em princípio, o agir ético não está vinculado ao dinheiro e tampouco pode ser aferido em valores monetários, do mesmo modo que não se pode adquirir um enfoque de vida humanitário como se fosse uma barra de chocolate.

8
Educação e formação

São Bento pretendia com seus mosteiros instituir escolas para o serviço ao Senhor. Para os monges, o mosteiro é uma preparação interior no seu caminho para Deus e para sua própria verdade. No entanto, já na época de Bento, jovens entravam para o mosteiro para serem educados, e, desde então, os beneditinos também fundaram escolas. Na Idade Média a formação de jovens estava, em geral, sobretudo nas mãos dos mosteiros. Mas aí eles aprendiam não só sabedorias religiosas, mas lhes era transmitido todo o saber que os gregos e romanos haviam reunido. Eles liam também os autores pagãos, a fim de desenvolver um senso da linguagem. Os monges estavam convencidos de que a educação molda o ser humano, que ela desenvolve nele as capacidades que Deus lhe concedeu. Nesse caso, eles atribuíam um valor especial à linguagem. Ela constrói uma casa na qual nós seres humanos vivemos. Os monges queriam, com sua sensibilidade para a linguagem, construir uma bela e sólida casa em que os seres humanos podem crescer e se desenvolver, em que gostam de viver uns com os outros e em que entram em contato com o potencial da sua alma. Porém, repassavam também o saber científico e medicinal da Antiguidade e, desse modo, ajudaram a cunhar fundamentalmente a cultura do Ocidente. Sobretudo, o que estava em jogo, para os monges, era a educação do coração. Justamente a leitura dos filósofos gregos e romanos transmitia aos alunos os valores do humanismo que marcara a Antiguidade. No diálogo com os filósofos antigos, os monges liam também a Bíblia com novos olhos: Eles buscavam, na relação com ela, associar fé e razão uma à outra. Ainda hoje, essa é uma condição essencial para que as distintas religiões possam coexistir pacificamente.

A origem da educação reside, segundo Platão, em "imaginar" boas imagens, no sentido de internalizar. Para Platão, é a imagem de Deus que devemos "imaginar". Essa imagem pode ser encontrada, por um lado, na natureza. Ali Deus nos mostra quais imagens nos fazem bem e são adequadas à nossa essência. As pessoas sábias observaram exatamente a natureza e internalizaram as suas imagens. Desse modo, entendiam não apenas o acontecimento na natureza, mas também os processos na alma e no corpo humano. Sabiam como a vida do ser humano dá certo: quando está em harmonia com a natureza e com a própria essência.

Por outro lado, identificamos a imagem divina ao olharmos para dentro de nós mesmos e descobrirmos uma harmonia interior em nós. Ali onde estamos em harmonia com nossa verdadeira essência devemos confiar que "imaginamos" a imagem de Deus em nós. Segundo Platão, educado não é aquele que sabe muito, que acumulou muito conhecimento, mas aquele que traz boas imagens em si. Educação começa com boas imagens. A mística alemã adotou essa ideia. Mestre Eckhart, um de seus mais renomados representantes, fala que devemos imaginar e cultivar Cristo em nós. A imagem de Cristo deve, portanto, penetrar em nós de modo a entrarmos em contato com a nossa própria imagem original de Deus em nós. E, em seguida, devemos também levar esta imagem para fora.

O classicismo e também o romantismo alemães se ocuparam detalhadamente com o tema "educação". Neste caso, pode-se filtrar algumas concepções essenciais: Segundo Johann Wolfgang von Goethe, educação é um processo para toda a vida. Além disso, ele não considerava sensato se especializar numa disciplina, mas considera desejável uma educação abrangente. Para Friedrich von Schiller, educação significava sobretudo uma preparação no campo da estética e da ética. Segundo Friedrich von Humboldt, como um dos mais importantes representantes do "conceito de educação clássico", a linguagem é um instrumento importante a que ele atribui força educadora. No entanto, todos os três enfatizam repetidamente que educação é mais do que mero conhecimento. Educação significa, no final das contas, promover e moldar o desenvolvimento humanitário de todo ser humano.

Hoje a educação é entendida amiúde somente como repasse de conhecimento. E, muitas vezes, ela é instrumentalizada: As crianças devem aprender outras línguas já no jardim de infância, a fim de que, mais tarde, tenham melhores chances na economia. A educação do coração, que inclusive o Romantismo alemão colocou no centro, é negligenciada em prol de uma formação unilateral do intelecto. No entanto, isso tem consequências para a cultura do ser humano individual, bem como para as culturas empresariais. É certo que hoje não podemos simplesmente copiar o conceito de educação do classicismo alemão. No entanto, também em nossa época, a expansão do conhecimento deve vir acompanhada da educação do caráter e de uma educação ética e cultural abrangente.

A questão da concepção de educação nos confronta também com a questão que hoje é importante para as nossas culturas empresariais: Que imagem do ser humano nos caracteriza? Que imagem do ser humano é decisiva para nós? Na Constituição alemã consta no primeiro artigo: "A dignidade do ser humano é inviolável". A imagem do ser humano da Antiguidade foi concebida pelo classicismo alemão nas palavras: "Nobre seja o homem, solícito e bom". A Revolução Francesa definiu os conceitos de "liberdade, fraternidade, solidariedade" como as bases de sua imagem do ser humano. Hoje, reúnem-se nas empresas as mais distintas imagens do ser humano, dependendo da cultura ou da religião de que provêm. Nesse caso, é importante se chegar a uma compreensão das diferenças dessas imagens, mas ao mesmo tempo também expressar suas bases comuns, pois a imagem que uma empresa e cada funcionário tem de si decide, no final das contas, a cultura da empresa, bem como o tipo de cooperação e, por fim, o sucesso da empresa.

A educação começa, portanto, pelas imagens que carregamos conosco e em nós. Uma professora me contou que, de manhã, ao ir para a escola, tem diante de si a imagem de um domador. Um executivo se dirige ao trabalho com a imagem de um sanduíche: Sente-se prensado de cima e de baixo como um sanduíche. Um outro imagina uma roda de *hamster* ao pensar no seu trabalho: Ele corre e corre, mas não avança um passo. Um diretor de pessoal tem a impressão de que, na sua empresa, ele sempre precisa resolver os problemas. Todas são imagens que os dirigentes carregam em si, que se formaram neles. Elas roubam suas forças e têm um efeito negativo sobre os colegas de trabalho. O diretor de pessoal que, por exemplo, pensa ter de resolver os problemas, vai ao trabalho com os dentes cerrados. Ele tem a sensação de que sua tarefa é árdua. E, desse modo, com sua imagem ele produz sentimentos de culpa em seus colegas, pois por trás dessa imagem está a acusação: "Eu me engajo aqui com todas as forças, e vocês ficam na boa e só olham o meu esforço".

Muitos executivos acham que estão formados quando aprenderam os mais importantes princípios administrativos ou as mais recentes teorias administrativas. No entanto, muitas vezes ficam no aprendizado exterior. As teorias não foram interiorizadas, e assim, no final das contas, tampouco têm efeito. No entanto, imagens fazem efeito em nós.

C.G. Jung fala de "imagens arquetípicas", que colocam algo em movimento em nós. Elas nos centram. Colocam-nos em movimento rumo ao nosso verdadeiro si-mesmo e são a condição para que entremos em contato com o potencial disponível em nossa alma. E somente quando podemos esgotar esse potencial em nós perceberemos nossas tarefas administrativas de maneira efetiva e produtiva a longo prazo. Nesse caso, acredito que existem três complexos de imagens que nos fazem bem e que são úteis para um estilo de gestão adequado: a natureza, a própria história de vida e a Bíblia.

A natureza

Para muitos executivos, o crescimento é uma importante imagem com que querem gerir. No entanto, muitas vezes eles distorceram essa imagem que provém originalmente da natureza. Eles acreditam que existe crescimento ilimitado. Tudo o que existe tem de crescer, mas nada cresce infinitamente. Antes, exatamente a natureza nos mostra que existem sempre as duas coisas: Crescer e morrer, florescer e definhar. O que só cresce são células cancerígenas, e elas destroem um corpo, no final das contas.

O crescer na natureza tem um ritmo. Há o irromper da nova vida na primavera, a floração cheia no verão, o desfolhar no outono e o repousar no inverno, para que, em seguida, na primavera possa florescer vida nova. Uma empresa cresce somente quando segue esse ritmo natural. Mais uma coisa a natureza nos ensina: Somente quem faz justiça ao seu próprio biorrítmo pode lidar com suas energias de modo sustentável a longo prazo. O diretor de um grande banco me contou que o seu chefe promove reuniões de mais de dez horas sem incluir pausas adequadas. Nada pode resultar de tais reuniões. Aí crescem só as agressões. Quem passa por cima do biorrítmo humano ou o desconsidera, alcança o oposto do que gostaria. Só quem faz pausas e também prevê fases de descanso pode trabalhar de forma realmente efetiva. Trabalhar sem pausas leva a perdas de concentração, e, desse modo, por um lado, ocorrem erros e, por outro lado, precisa-se de muito mais tempo para realizar um trabalho que, descansado, seria feito rapidamente.

Matthias Nölke escreveu um livro para executivos com o título: *So managt die Natur* (Assim a natureza gerencia). Ele mostra que podemos aprender, precisamente do mundo animal, muitas coisas relevantes para as nossas tarefas administrativas. A nova edição deste livro tem o título: *Von Bienen und Leitwölfen – Strategien der Natur im Business nutzen* (De abelhas e animais-alfa – Utilizar estratégias da natureza nos negócios), e o autor conta como o rei dos animais, o leão, exerce suas tarefas de líder com muita economia de energia ou como uma manada de elefantes se deixa guiar em segurança pela experiência do animal-alfa. O sucesso do livro revela que, também hoje, podemos aprender muito da natureza. Precisamos apenas abrir nossos olhos. Com a natureza, Deus nos escreveu um livro que deveríamos ler diligentemente para alcançar uma verdadeira educação. Dos dez temas que a natureza nos ensina, segundo Matthias Nölke, gostaria de mencionar aqui apenas os primeiros quatro:

1) A natureza não conhece perfeccionismo. Todos os organismos são soluções de compromisso pouco perfeitas, equilibradas entre condições opostas como, por exemplo, velocidade e força.

2) A natureza aposta na diversidade e se defende da padronização. Nenhum organismo é completamente igual ao outro. Dessa maneira, as distintas qualidades e capacidades podem ser conservadas.

3) Não há uma única "estratégia do vencedor". Antes, existe uma enorme quantidade de possibilidades com as quais lidar. Todo organismo é desafiado a desenvolver a sua própria estratégia de sobrevivência – adequada às suas possibilidades e ao seu espaço vital.

4) Desenvolvimentos substanciais existem somente associados a incontáveis insucessos. Por conseguinte, somente os sistemas que admitem que a maioria das tentativas fracassem podem produzir repetidamente algo novo.

Aprendemos não só com os animais, com o seu comportamento social e com o seu modo de lidar com a liderança e a adaptação. A própria natureza é uma importante mestra para nós. Justamente hoje, em face da mudança do clima, trata-se de estabelecer uma boa relação com a natureza, observá-la atentamente e ver nela uma imagem para a nossa própria vida. O ciclo das estações de primavera, verão, outono e inverno expressa algo sobre a nossa alma. As plantas com seu ritmo de florescer e desbotar são um espelho para a nossa vida. Somente quem está numa relação boa com a natureza se engaja também ativamente na luta pela proteção do ambiente. Se sentirmos que somos uma parte da natureza, e que a maneira de lidarmos com a natureza retorna para nós, teremos cuidado ao lidar com ela.

A própria história de vida

A outra fonte para descobrir imagens que podem ser modelos para nosso agir é a história de vida pessoal. Muitas pessoas internalizaram imagens que não lhes fazem bem. Elas lhes foram impostas pelos outros. Por exemplo, aquilo que seu pai lhes transmitiu: "Se realizares alguma coisa, serás alguém". Ou a mãe: "Ajusta-te. Não chames a atenção. Em tudo que fizeres, imagina: O que as pessoas poderiam dizer?" Outros têm em si imagens de autoestima exagerada ou de desvalorização própria. Eles pensam por exemplo: "Estou errado. Ninguém me suporta. Sou difícil. Sou tímido. Não sei falar". Tais imagens nos paralisam e nos afastam de nossos próprios potenciais.

Outras pessoas são movidas pela ideia: Tenho de ser sempre perfeito, ter sempre tudo sob controle, ser sempre bem-sucedido, ver sempre tudo positivamente. Tais exigências desmedidas feitas a nós mesmos nos deixam doentes. Depressões que hoje observamos também entre muitos executivos são, muitas vezes, uma consequência destas imagens interiores.

Por conseguinte, é importante que, na nossa história de vida, olhemos para as imagens terapêuticas que correspondem à nossa essência. Podemos descobri-las quando nos perguntamos o que queríamos ser na infância, que profissão nos fascinava. E podemos nos perguntar com o que nos ocupamos ou brincamos horas a fio na infância, sem cansarmos. Alguns exemplos: Um diretor de escola que frequentemente ia à escola com a imagem interior de que os alunos estão cada vez mais complicados, os pais cada vez mais exigentes e o Ministério da Educação cada vez mais burocrático, lembrou-se que, na infância, brincava horas a fio no sótão e, desse modo, criou um mundo próprio em que valiam suas leis. Essa era, para ele, uma boa imagem para sua tarefa de diretor. Ele mudou seu pensamento e refletia pela manhã ao ir para a escola: "Eu construo um mundo próprio em que os colegas realmente tratam uns aos outros de forma colegial, em que professor e alunos têm prazer na educação, nos temas que realmente afetam a vida". É o que o motivou e criou nele muitas ideias a respeito da maneira de conduzir a escola para que ela se tornasse realmente o seu mundo. Quando entramos em contato com as imagens que correspondem à nossa essência, a energia flui em nós, temos gosto pelas tarefas que se apresentam para nós. E então também movemos alguma coisa.

O diretor de pessoal que ia para o trabalho com a imagem de "resolver os problemas" e, nesse caso, sempre se sobrecarregava, lembrou-se que na juventude gostava de construir aviõezinhos. Mais tarde, ele fez um curso de voo de planador. E logo lhe vinha à mente o que seu professor de pilotagem lhe havia dito: "Não deves segurar a direção com os dentes cerrados. Simplesmente fica atento às correntes de ar e, em seguida, conduza bem devagar o volante para a direção certa, para aproveitar bem a corrente". Com essa mentalidade ele ia agora para o trabalho. Depois de meio ano ele me relatou o quanto isso lhe trouxe alívio. Agora ele fazia o trabalho com mais alegria e leveza. E os integrantes de sua equipe até haviam desenvolvido novas capacidades. A cooperação agora estava bem mais fácil e descontraída, mas, ao mesmo tempo, mais efetiva do que no passado. Agora ele também já não acusava mais a todos: "Vocês me deixam aqui sozinho resolvendo todos os problemas", mas antes convidava-os a tomarem nas próprias mãos o comando nas áreas de responsabilidade singulares.

A diretora de uma escola me relatou que, na infância, gostava apaixonadamente de jogar queimada. Ao transpor essa imagem para sua tarefa de diretora, ela se deu conta: De modo algum ela devia copiar seus colegas homens. Ela não tinha de provar para eles que podia trabalhar tanto quanto eles e que era tão resistente quanto eles. Foi isso que lhe causava muita tensão nos últimos anos. Agora ela sabia que sua imagem era liderar: "Jogo a bola para os meus colegas de modo que todos joguem, que todos participem do jogo, que nós joguemos a bola uns para os outros". Também nesse ponto a imagem teve consequências sobre ela mesma. A tarefa de administrar ficou mais fácil, o trabalho lhe dava muito mais prazer. E, uma vez que todos se tornaram coparticipantes do jogo, o clima na escola mudou radicalmente.

As imagens que tínhamos na mente, em nossa infância, naturalmente precisam ser traduzidas para a nossa situação atual. Não se trata de viver nostalgicamente na infância. Antes, o objetivo deveria ser entrar em contato com a “criança divina” em nós, que sabe exatamente o que é certo para nós e qual é a verdadeira imagem que Deus fez para si de cada um de nós. A “criança divina” em nós é uma fonte de criatividade. Ela nos leva a viver autenticamente.

Na infância, eu mesmo sempre quis ser pedreiro. Era uma ideia infantil. E, apesar disso, essa imagem é para mim hoje uma fonte. Com meus livros, com minhas conferências, com palavras, eu gostaria de construir uma casa em que as pessoas se sintam em casa, em que elas possam ser o que são, em que são aceitas, levadas a sério e vivenciam encorajamento e refrigério.

A Bíblia

A Bíblia está cheia de imagens terapêuticas e benéficas, que transformam nossa tarefa de gestão e podem dar-lhe uma orientação boa. Por exemplo, a imagem do pastor que conduz suas ovelhas para o pasto. Jesus diz de si: “Eu sou o Bom Pastor. O Bom Pastor dá a vida por suas ovelhas. O mercenário, que não é pastor, de quem não são as ovelhas, quando vê o lobo chegar, abandona as ovelhas e foge” (Jo 10,11s.). Dar sua vida parece ser uma sobrecarga. Mas conduzir significa inteiramente: servir às pessoas, colocar em jogo a própria vida, engajar a própria força em benefício das pessoas que confiam na gente. Quem realmente quer liderar se importa com seus funcionários. Engaja-se por eles. Eles não lhe são indiferentes. Ele os conhece, e eles o conhecem. Ele se revela para eles com seu coração e não só com uma máscara e os conduz a um campo bom onde eles encontram alimento, onde em sua cooperação não só dão, mas também são alimentados, onde eles encontram um novo prazer de viver.

Para mim, a mais bela imagem para a gerência, encontrada na Bíblia, é a cura – pela ação de Jesus – da mulher encurvada (Lc 13,10-17). Era uma mulher que não pode ficar ereta, que não pode defender a si mesma. Ela está encurvada e resignada, decepcionada com a vida, sobrecarregada. O peso do trabalho e da vida a oprimiu. Ela desanima. Tais pessoas nós presenciamos muitas vezes no local de trabalho. Muitas vão para casa cansadas e exaustas, de ombros caídos.

Jesus cura essa mulher em quatro passos: Ele fala com ela, e, com efeito, de igual para igual. Ele não a persuade, mas começa uma conversa que flui para lá e para cá. Aí Ele lhe confere o bem que vê nela: "Mulher, estás curada de tua doença". Isso significa: Tu tens força em ti. Teu âmago é saudável. Tens uma aura boa. E, em seguida, impôs-lhe as mãos. Tocou-a. Nesse instante, ela entrou em contato consigo mesma. Ela soergueu-se e louvou a Deus.

Gerenciamos corretamente quando soerguemos as pessoas, quando ao entardecer elas vão para casa eretas. A questão é como isso pode acontecer. Não há "truque" para isso, mas se imaginarmos em nós essa imagem do soerguer e do andar ereto, partirá de nós alguma coisa que encoraja as pessoas. Então, numa conversa conosco, nosso interlocutor dirá: "Agora tirei um peso do coração. Agora, pela primeira vez, me senti realmente compreendido". E, em seguida, ele seguirá mais confiante.

Se transmitirmos aos funcionários que os estimamos, que nos apercebemos de sua dignidade, eles serão mais confiantes e ao entardecer irão para casa realmente de cabeça erguida. Esse estilo de gestão cunha não só a cultura da empresa, mas, no final das contas, também a sociedade, pois os funcionários que vão para casa de cabeça erguida não têm necessidade de humilhar sua família ou tratar os outros de cima para baixo. Em vez disso, as pessoas em sua volta também irão se soerguer. Dessa maneira, elas criam um clima de respeito e de dignidade que continua entre aqueles que entram em contato uns com os outros.

Imaginar boas imagens – na minha opinião, nisso consiste a essência da educação. Os gregos ainda cunharam uma outra palavra para expressar isso: pedagogia. Ela deriva do verbo *paideuein*, "ensinar crianças", "educar crianças". No latim, o termo é *erudire*. É um conceito que deriva originalmente do reino animal e que deixa claro: Educação significa fazer o ser humano sair da crueza do animal. No entanto, no latim há também a palavra *educare*, que traduzida literalmente significa o mesmo que "extrair da criança ou da pessoa o que está inserido nela". No final das contas, significa despertar as capacidades disponíveis em cada um, para que elas se expressem exteriormente e possam ser aproveitadas em benefício dos outros. Portanto, de modo algum devo conduzir os outros numa determinada direção. Antes, em cada um já se encontra o anseio de viver corretamente, trabalhar bem, respeitar as pessoas e lidar com cuidado com a natureza. Portanto, devo apenas deixar o outro ciente dessas inclinações e "fazê-las sair", para que se tornem traço determinante. Desse modo, ele será desviado da tendência de simplesmente vegetar, a qual o ser humano também percebe em si. Isso significa: Educação também tem algo a ver com a consciência, a saber, ensinar as pessoas a viver de maneira mais consciente.

Educação significa naturalmente também aperfeiçoar continuamente as pessoas, transmitir-lhes de fato novo conhecimento durante toda a sua vida. Nesse caso, não se trata de acumular conhecimento, para, desse modo, se colocar acima dos outros, porque se sabe melhor as coisas. Além disso, não basta conhecer os meros fatos, mas é preciso ter um saber a respeito dos nexos de nosso mundo. Na atual época de mudança climática, faz parte da educação, por exemplo, estar informado acerca dos gases do efeito estufa. Educação significa também a disposição de se informar a respeito daquilo que cunha nossa vida e de que ela depende. Porém, apesar de todo o conhecimento exterior, na educação se trata, no final das contas, sempre da formação do ser humano de acordo com a sua verdadeira imagem. A Bíblia relata que Deus nos criou a sua imagem e semelhança. Nossa tarefa é corresponder cada vez mais à imagem de Deus, que Ele fez de nós para si. E uma segunda tarefa consiste em cuidar deste mundo de tal modo que a visão que Deus teve do cosmo também possa se tornar realidade.

Anselm Grün

JOCHEN ZEITZ • Ao dirigir-me para o trabalho ou começar a trabalhar no meu respectivo local de estadia, na maioria das vezes, tenho na mente uma imagem positiva, um sentimento positivo de que posso e gostaria de fazer algo orientado para um propósito e pleno de sentido. Alegra-me descobrir como, naquele dia, posso iniciar coisas interessantes e criativas. É o que me motiva e inspira.

Dependendo das experiências que fiz no dia anterior, recordo os casos em que não agi ou reagi corretamente, às vezes inclusive no que diz respeito aos quatro valores-chave da Puma. Dependendo do meu ambiente e da situação do dia anterior, também pode ocorrer que apareça, de forma bem nítida, uma certa imagem, segundo a qual gostaria de alcançar uma melhora. Quando, por exemplo, admito que meus sentimentos pessoais têm uma importância na minha maneira de lidar com uma certa situação, pode ser que eu diga para mim: "Hoje farei todos os esforços para evitar potenciais conflitos". E uma vez que eu sempre enfrento logo os conflitos, também potenciais, tento adotar, de preferência, uma postura equilibrada a uma confrontativa e encontrar uma boa solução, independentemente de como possa parecer.

Quando estou aborrecido e decepcionado reflito sobre esses sentimentos e tento encontrar uma explicação para eles e, assim, uma possível resposta para uma determinada situação. Para mim, aprender das minhas emoções, das circunstâncias e da própria vida, hoje é uma parte importante de minha educação contínua. Aprendo todo dia na minha viagem pela vida com todos os seus diversos pontos de vista. Em geral, acho isso muito empolgante e emocionante, ainda que às vezes possa ser frustrante.

ANSELM GRÜN • Dirijo-me para o trabalho com a imagem de que hoje vou cravar minha pegada vital neste mundo. Imagino as pessoas que vou encontrar. Gostaria de levar para todos os encontros o gosto da esperança e da confiança e este sentimento: Vale a pena encararmos juntos as coisas, configurarmos de modo mais humano não só a abadia, mas também o mundo, fortalecermos o senso para a beleza e a dignidade da criação e podermos experimentar, agradecidos, o propósito do trabalho conjunto, o bem que faz ser amparado por uma comunidade.

Gostaria de levar esse sentimento de comunhão e convívio e esperança e confiança para o meu ambiente. Nesse caso, não preciso desenvolver, eu mesmo, todas as ideias, mas crio um clima em que novas ideias são desenvolvidas e concretizadas...

JOCHEN ZEITZ • ...e em que cresce a consciência da importância do nosso ambiente. A maioria de nós não sabe ou não aprende o suficiente sobre a natureza, pois é bem evidente que não agimos em harmonia com ela. Nossas cidades crescem e crescem, e nossos filhos perdem cada vez mais o contato com a natureza. Quantas vezes ouvimos que as crianças que crescem nas cidades nunca viram um cavalo ou uma vaca? A bióloga e autora de livros científicos Janine Benyus, especialista em biônica – portanto, na aplicação de processos naturais à economia e à técnica –, disse uma vez: "A vida cria as condições favoráveis à vida". Se esse fosse nosso princípio, nossa educação e nossa formação deveriam nos ajudar, na minha opinião, a ajustar nossa vida mais intensamente à natureza e a buscar uma relação simbiótica e harmoniosa com ela.

A natureza como um todo é equilibrada em sua maneira de operar e se desenvolve permanentemente. Uma vez que nós, seres humanos, temos uma consciência, também temos de utilizá-la, antes de tudo, para aprender a não lutar contra a natureza ou querer conquistá-la. A palavra bíblica: "Povoai a terra e submetei-a" é ambígua, em minha opinião. Quando temos a possibilidade de introduzir inovações e novas tecnologias, devemos levar em consideração tanto a natureza como os seres humanos. É isso que temos de entender e, nesta relação, aprender com a natureza. Nosso sistema educacional deveria dar mais valor a esse aspecto.

No decorrer dos anos, muitas organizações reconheceram quão importante é que os jovens entrem em contato com a natureza. Esses grupos, por exemplo, escoteiras e escoteiros, o Serra Clube ou o Earth Watch, criaram possibilidades específicas para que as pessoas descubram e respeitem o ambiente. Mas, num mundo cada vez mais urbano marcado pela saturação medial, cada vez menos pessoas são fascinadas pela natureza livre. Por conseguinte, todos nós – instituições educacionais, mídia, pais, empresas e religiões – temos a tarefa de oferecer às crianças mais do que acampamentos de verão e zoológicos de animais de estimação. Todos os âmbitos da sociedade devem lhes transmitir o valor fundamental da natureza e lhes mostrar como pode ser interessante e estimulante estudar a natureza. Na minha infância tive o prazer e a oportunidade de passar muitos finais de semana na floresta na Alemanha, e acredito que nós todos deveríamos, com muito mais frequência, ter a possibilidade de aprender não só *sobre* a natureza, mas também *da* natureza.

Creio que, além da natureza e do ambiente, hoje também a psicologia e a psicanálise progressivamente fazem parte de um programa escolar. Como seres humanos devemos, o mais cedo possível, não só obter conhecimentos sobre nosso mundo exterior, mas também aprender algo sobre nosso interior e a consciência. Um conhecimento prévio sobre nós mesmos nos ajuda a viver melhor, em harmonia com o ser humano e com a natureza.

ANSELM GRÜN • Se as crianças e os jovens não aprenderem o suficiente na natureza e da natureza, nunca estabelecerão uma relação benéfica com ela e, por isso, também terão dificuldade com o tema sustentabilidade. Para eles, sustentabilidade é apenas uma exigência moral que talvez compreendam intelectualmente, mas com a qual não têm uma relação. Nós podemos aprender muito com a natureza. Nela identificamos processos que também se passam em nossa alma e em nosso corpo.

Definitivamente hoje há novos modelos de educação em que a natureza também volta a desempenhar um papel central. Entre eles estão, por exemplo, os vários jardins de infância junto à natureza. Neles as crianças brincam diretamente na natureza. Aprendem a lidar com as diferentes condições atmosféricas. Entram em contato direto com a natureza e, desse modo, compreendem por que é importante lidar com ela respeitosamente.

Outro exemplo é o Movimento Quest: Primeiro, as pessoas se encontram num grupo e recebem uma introdução ao tema. Em seguida, cada uma se retira sozinha durante quatro dias para um lugar da natureza que ela escolheu previamente. As únicas coisas que leva junto: água suficiente e uma capa para se proteger da chuva. Quem permanece quatro dias no mesmo lugar escuta a natureza e, assim, também os suaves impulsos de seu próprio coração. Dessa maneira, muitas pessoas reuniram experiências importantes sobre si.

Assim, creio que seria importante desenvolver hoje novos modelos de educação nos quais a natureza seja envolvida com mais intensidade. Na nossa escola secundária há não só um grupo ambiental que acompanha um biotropo, mas também um grupo de apicultores que lida com as abelhas e, assim, pode se alegrar até com o mel.

JOCHEN ZEITZ • Nossos sistemas educacionais são um instrumento de alto desempenho que poderia transmitir à pessoa um enfoque muito mais abrangente e holístico de ver e viver o mundo, do que faz hoje. Em muitos casos, é provável que precisemos de uma nova base para uma abordagem radicalmente diferente e mais holística dos currículos escolares do que existe atualmente. Por exemplo, já mencionei que uma parte do que aprendi no mosteiro tem a ver com a – como poderíamos chamá-la – arte de viver. Trata-se de sentir e novamente sentir os ritmos e ciclos naturais e o equilíbrio na vida. Também já mencionei que aprendi como transformar certos distúrbios em estima ou como meu agir pode corresponder aos valores éticos. Todas estas são áreas que enriqueceriam nossos currículos escolares modernos.

O senhor já afirmou, Padre Anselm: No termo *educare* (a raiz latina da palavra inglesa *education*, portanto, educação e formação) ressoa que buscamos de dentro de uma criança ou também de um adulto aquilo que eles trazem em si. Aprender bem é uma arte que depende também de quanto o professor gosta de ensinar, da disciplina e especialmente das alunas e dos alunos.

Segundo o colunista Sydney Harris, nós nos lembramos, no que diz respeito ao nosso professor, não em primeira linha das fórmulas matemáticas e tampouco dos dados históricos que ele nos ensinou, mas antes da sua paixão pelo tema e pelo ensino e em especial da sua integridade. Nesse aspecto, acredito que a assim chamada *gai savoir* (a alegria de aprender), do filósofo e pedagogo Jean-Jaques Rousseau, é um componente central da educação e da formação. Meu próprio período escolar no Karl-Friedrich-Gymnasium, na minha cidade natal Mannheim, bem como meu curso superior de Administração de Empresas na European Business School em Rheingau, são uma recordação em geral bastante positiva para mim. A escola secundária, com suas múltiplas ofertas de ensino, também era especialmente marcada pelo lado humano. A escola superior transmitia um conhecimento especial, prático, dirigido à economia, cuja relevância excedia em muito as fronteiras da Alemanha. Beneficio-me dele até hoje em minha atividade internacional.

Além disso, há uma história que me impressionou e que, há anos, pôde ser lida no jornal: Uma professora se aposentou depois de décadas de ensino num bairro carente de Nova York. Ela alcançou o que ninguém mais conseguiu numa escola deficiente e empobrecida, num bairro em que as drogas e as armas determinam a vida. Num retrospecto de seus 50 (!) anos de atividade de ensino numa escola que a maioria dos alunos abandonava prematuramente, ela foi perguntada como havia conseguido não só motivar seus alunos a concluírem os estudos escolares, mas também a continuarem seus estudos, se tornarem advogados, professores, até prefeitos e deputados federais. Embora, com seus 80 anos, quase não pudesse mais falar, respondeu: "Eu amo essas crianças".

Se é verdade que inclusive mais dinheiro e um orçamento maior para a educação certamente não fariam mal, respostas à questão de como alcançar uma educação melhor também vêm daqueles para os quais se trata da *gai savoir*, da paixão por *educare*, das matérias ensinadas e dos alunos singulares. Todos nós ainda nos lembramos de nosso professor: daquele de que mais gostávamos na escola, ou seja, daquele de que mais gostávamos de apreender alguma coisa. E dos outros também temos uma boa lembrança! Isso não é diferente numa empresa.

ANSELM GRÜN • Também para mim, a questão da educação não é, em primeira linha, uma questão de dinheiro, mas de interesse e de disposição de continuar aprendendo durante toda a vida. Muitos de meus funcionários são versados, por exemplo, em áreas das quais não tenho a menor ideia. Nos 34 anos como ecônomo monástico aprendi muito com eles. E também acho importante que meus funcionários tenham prazer em continuar a estudar e a aprender as novas técnicas existentes nas diversas áreas de atividade.

Para mim mesmo, também as conversas com outros responsáveis no mosteiro são sempre uma fonte de aprendizado. É preciso uma certa curiosidade para saber como os outros organizam sua administração e economia e como resolveram certos problemas. Posso aprender deles, eles de mim. E, quando encontramos soluções melhores, não nos damos por satisfeitos com elas, mas almejamos melhorar ainda mais essas soluções.

Decisivo em tudo isso é, no entanto, o clima em que os funcionários têm vontade de (continuar a) estudar. Quando os envio para cursos, não gostaria de deixá-los de consciência pesada e tampouco de passar-lhes a ideia de que sabem muito pouco. Antes, gostaria de estimular seu desejo de avançar nesta ou naquela área e, desse modo, poder trabalhar de modo ainda mais criativo.

JOCHEN ZEITZ • O valor da educação depende, antes de tudo, de nosso ponto de vista e de nossa maneira de pensar. Como o senhor, Padre Anselm, já disse, aprendizado e educação são processos para a vida inteira, e as pessoas que acreditam que elas nada mais têm a aprender entram num beco sem saída. Tento, na medida do possível, manter uma atitude mental aberta e estar preparado para continuar a estudar em cada fase da minha vida.

A educação e formação que nossos pais nos transmitiram teve grande influência sobre nós. O mesmo se aplica às escolas, públicas ou privadas, universidades ou outras instituições. A qualidade de qualquer ensino depende, neste caso, não apenas do montante do dinheiro disponível, mas igualmente da qualidade dos professores.

ANSELM GRÜN • Hoje o perigo consiste, no entanto, em que a economia gostaria de determinar o sistema educacional, em que ela gostaria de fomentar apenas o saber puramente econômico. Dessa maneira, contudo, não se faz justiça às crianças e aos jovens. À educação pertence, em primeiro lugar, ingressar na tradição da sabedoria, aprender, antes de tudo, como funciona a humanização, que valores são importantes para que a vida dê certo. A educação precisa, além disso, elementos lúdicos e criativos. Crianças e jovens devem aprender fazendo, e não simplesmente decorar fatos. Hoje é preciso novas ideias para despertar nos jovens a vontade de aprender.

Na Ásia vi essa grande fome de aprender entre os jovens. E quando vejo alguns jovens aqui na Alemanha que não têm vontade de frequentar a escola, fica claro para mim onde se encontra o futuro do mundo. Mas não gostaria de acusar nossos jovens. A resistência de muitos à educação é, para mim, um importante desafio. Deveríamos nos preocupar seriamente com a forma de motivar os jovens para que eles queiram estudar. Nesse caso, a responsabilidade pelo que eles mesmos fazem para isso, e a possibilidade de eles mesmos moldarem alguma coisa, certamente são importantes fatores educacionais. Quando os próprios jovens assumem algo e, sob orientação de professores experientes, realizam projetos dos quais podem se orgulhar, eles também sentem prazer na educação. Porque, também com referência à educação, sempre se trata de confiar nos jovens e de motivá-los.

Somente então os jovens também ficam com vontade de configurar sua profissão de modo responsável e consciente. Aconselharia a todo aluno que deixa a escola a, primeiro, olhar para o mundo econômico e buscar entendê-lo. Em seguida, deveria comparar a realidade que conhece com os seus sonhos, sonhar seus sonhos para dentro da realidade. Então, pode se perguntar: Como posso trazer meus sonhos para a realidade, para que o mundo se torne mais humano e cheio de esperança? Na minha opinião é preciso estes dois passos: por um lado, entender exatamente por que a empresa e os responsáveis pensam e agem do modo como fazem, tentar entender qual é a sua intenção mais profunda. Por outro lado, confiar nos próprios sonhos. No entanto, é importante ajustar os sonhos à realidade, do contrário eles viram apenas possibilidades de fuga diante da realidade.

9
SUCESSO
VITÓRIAS E GESTOS HUMANOS

NOS PRIMEIROS ANOS QUE PASSEI na Puma, a empresa pôde apresentar tudo, menos sucessos. Nessa época eu sentia uma imensa alegria quando, pelo menos, nossos atletas venciam.

Os três únicos atletas conhecidos que, após drásticas medidas de redução de custos, consegui manter sob contrato como agentes publicitários, ganharam medalhas de ouro nos Jogos Olímpicos de Barcelona, em 1992. Anos mais tarde, tive o mesmo sentimento de profunda satisfação quando Serena Williams ascendeu como um cometa na constelação do tênis e foi a primeira afro-americana a chegar ao topo do *ranking* mundial. Alegrei-me quando, há quatro anos [2010], a Itália – patrocinada pela Puma –, após um escândalo impressionante no campeonato italiano de futebol, inesperadamente ganhou a Copa do Mundo. Do mesmo modo, alegrei-me com Usain Bolt, que contratamos já como um jovem de 17 anos e que fascinou o mundo em 2008 nos Jogos Olímpicos de Pequim e em 2009 no Mundial de Atletismo: De forma brilhante e veloz ele quebrou um recorde mundial após o outro. Sempre que a Puma, pelas vitórias de atletas extraordinários, foi associada a um momento esportivo excepcional, minha equipe e eu tivemos sucesso, sentimos orgulho, alegria e felicidade – tudo de uma vez.

Na maioria das vezes, são esses triunfos, seja o nosso próprio ou o de pessoas com quem estamos ligadas, que cunham nosso conceito e nossa compreensão de sucesso. Desse modo, especularmente à pirâmide das necessidades de Maslow, também há uma pirâmide dos sucessos. O psicólogo americano Abraham Maslow explicou em 1943 os objetivos do agir humano por meio de um modelo de níveis: As diversas necessidades humanas importantes formam os níveis de uma pirâmide galgada pelo ser humano. Em primeiro lugar, ele aspira à satisfação de suas necessidades fisiológicas: alimentação, abrigo, vestimenta, reprodução. Quando conseguiu isso, busca segurança, mais tarde, proteção social, reconhecimento pessoal e, por fim, autorrealização.

Assim como se modificam nossas necessidades, também muda nossa atitude diante do sucesso. Além dos grandes momentos de felicidade em virtude das vitórias dos esportistas da Puma, lembro-me de uma competição bem atípica na história dos Jogos Olímpicos. Para muitos, certamente ela seria situada bem no topo da pirâmide dos sucessos. Talvez alguns se lembrem da corrida nos Jogos Olímpicos Especiais de 1976 em Washington: Na corrida dos 100 metros rasos um atleta deficiente caiu no chão e gritou. Em vez de se aproveitar da situação e passar pelo concorrente, um outro corredor com Síndrome de Down parou e ajudou o caído. Conta-se que ele o beijou e disse: "Assim, logo a dor vai diminuir". Um outro atleta parou para ajudar e, em seguida, mais um. Por fim, cruzaram a linha de chegada, todos juntos, de mãos dadas.

Imaginemos agora a pirâmide dos sucessos. Certamente, para a maioria das pessoas, o terceiro prêmio numa competição de ortografia na escola não é tão importante quanto três medalhas de ouro para recordes mundiais nos Jogos Olímpicos. Salvar a vida de três pessoas também é um gesto mais importante do que proteger o rabo de um gato frente a uma porta que se fecha. Até a Bíblia apresenta uma hierarquia dos sucessos: "O que adianta alguém ganhar o mundo inteiro, se vier a prejudicar a sua alma?" (Lc 9,25). Alguns sucessos parecem mais valiosos que outros.

A grandeza de cada sucesso depende também da respectiva concepção de valor pessoal. Aqueles para os quais as competições, os melhores desempenhos pessoais e a excelência sem igual têm grande relevância, talvez considerem uma medalha de ouro nos Jogos Olímpicos a medida máxima do sucesso. Outros depositam valor na cooperação, na compaixão e nas soluções criativas – para estes, é certo que a disposição de ajuda dos atletas nos Jogos Olímpicos Especiais é o modelo ideal de sucesso.

O grande pensador inglês John Stuart Mill, o pai do utilitarismo, concordaria com essa última definição de sucesso. Ele defende a concepção de que o principal objetivo social é "o maior bem para o maior número", portanto, a maior felicidade possível para o maior número de pessoas. Deste enfoque utilitarista e numérico resulta que aos próprios números se atribui um valor. Na sociedade de consumo atual, aqueles que dispõem de mais euro, dólar ou yuan são mais bem-sucedidos que outros. "Quem morre o mais rico, venceu", parece ser a concepção dos materialistas. No mundo pós-pós-moderno, mantras como "mais é melhor", "o que importa é a quantidade" e "quantidade, não qualidade" abafam os clamores por definições mais profundas de sucesso.

Não gostaria de dar a impressão de que considero o sucesso material irrelevante. Pessoalmente, aprecio-o, porque creio que a prosperidade vem acompanhada também de maior liberdade, independência e possibilidades de escolha. Com prosperidade material crescente aumentam as minhas possibilidades de me dedicar às tarefas exteriores a minha profissão, de experimentar e realizar os meus sonhos nesses espaços. Portanto, é claro que não quero dizer que o dinheiro é a raiz de todo o mal. O que muitas vezes se esquece é o verdadeiro teor original do ditado: "O amor pelo dinheiro é a raiz de todo o mal". Se eu, em primeira linha, apenas fizer dinheiro e quiser acumulá-lo a qualquer preço, é improvável que aja de modo eticamente correto, responsável e altruísta. Creio que se trata, pelo contrário, de equilíbrio e harmonia, isto é: Não devemos nos privar do material em favor do espiritual e vice-versa. É preferível dar valor a ambos e reconhecer que se complementam. Vitórias e gestos de humanidade não se excluem. Às vezes, somente as primeiras possibilitam as últimas!

A pirâmide de Maslow começa embaixo com as necessidades básicas, corporais, de forma mais precisa, existenciais. Nesse nível, o materialismo desempenha o papel decisivo. Milhões de pessoas já consideram um sucesso sobreviver mais um dia ou mais um ano. Portanto, alimento, roupa e outros bens materiais são ainda mais importantes para aqueles que nunca tiveram o luxo de considerá-los uma obviedade. Mas esse é um sucesso mínimo ou máximo? Ter de se contentar em sobreviver, de ficar feliz em existir, não parece ser um grande sucesso. Para um existencialista, no entanto, estar feliz e contente é um sucesso.

Como executivo na Puma, certamente alcancei o nível mais alto do sucesso – no modelo de Maslow, há muito tempo aspiro à autorrealização. No entanto, também no interior desse nível, as necessidades aumentam e o sucesso almejado se modifica. No início, sentia-me bem-sucedido quando conseguia sanear passo a passo uma empresa em apuros. Deixava-me extremamente satisfeito poder ajudar um número cada vez maior de pessoas com empregos e prosperidade e poder oferecer aos clientes melhores produtos. Mas, com o passar do tempo, busquei resultados cada vez mais elevados. Lucros recordes deveriam ser alcançados, na medida do possível, durante muitos anos numa sequência ininterrupta.

Em seguida, almejei sucesso criativo, e nós triunfamos ao nos tornarmos a primeira marca de estilo de vida esportivo. Introduzimos uma mudança de paradigma em nosso setor ao amalgamarmos entre si esporte, estilo de vida e moda. Toda inovação que transformava nossa empresa parecia para mim uma forma mais elevada de sucesso, e não simplesmente um meio de registrar lucros ainda mais elevados. Foi importante ser líder em nosso setor e redefinir nossas marcas. O reconhecimento como empresa inovadora, que muda as regras do jogo, pareceu-me uma nova forma de sucesso.

Com a idade, a experiência e a consciência, muda a concepção de sucesso. Hoje aspiro ao sucesso que vai além de uma administração empresarial. Um sucesso nesse sentido é a visão da Puma que desenvolvi. Outro é minha fundação privada que almeja contribuir para conservar a natureza.

Ter ou ser

A questão é saber se o conceito de sucesso, no final das contas e fundamentalmente, não pode ser aplicado também ao nosso verdadeiro ser interior, ao fundamento da nossa existência, que nos realiza independentemente de onde se localizem nossos pontos fortes e fracos evidentes. Essa questão é respondida pelos filósofos e psicólogos.

Aqui citamos apenas alguns nomes e pontos de vista: O filósofo francês Blaise Pascal disse que todos os nossos problemas podem ser reduzidos a um problema: nossa incapacidade de ficarmos sentados quietos num pequeno quarto. Buscamos distração. O verdadeiro sucesso é a capacidade de aceitar e desfrutar nossa vida assim como ela é – sem distração?

O psicólogo Erich Fromm não perguntou: "Ser ou não ser?", mas antes "Ter ou ser?" No seu livro homônimo, Fromm propõe a tese de que duas espécies de existência disputam a alma do ser humano. Por um lado, a força chamada "ter" nos atrai para o acúmulo de poder e de propriedades e a agressão necessária para obter tudo isso. Uma tal força escura se encontra incorporada na violência, na avareza e na inveja globais. Por outro lado, a força do "ser" nos atrai para o amor, a alegria de partilhar e a criação. O "ser" nos leva a atividade produtiva e a relações criativas que promovem o melhor numa sociedade.

O filósofo judeu Martin Buber diferencia, de modo similar, entre "ser" e "aparência". Durante uma grande parte da nossa luta pela existência humana, o que está em jogo é a aspiração a uma certa aparência. Queremos impressionar, queremos ocultar nossas sombras e nossa vulnerabilidade. Por conseguinte, não somos nós mesmos, mas usamos máscaras que nos dão uma certa aparência, ao passo que, de fato, levamos uma vida oculta por trás dessas máscaras. Não se trata de máscaras na forma de maquiagem, roupas ou rituais, sob as quais escondemos nosso corpo como no carnaval ou no *halloween*, mas antes de pretextos, justificativas e até mentiras com as quais queremos ocultar nosso si-mesmo autêntico. A aparência impede que alcancemos o objetivo da "autenticidade", como a designa Buber. Talvez seja por isso que o transcendentalista americano Henry David Thoreau supôs que "a maioria das pessoas leva uma vida em sereno desespero".

Outro filósofo, Martin Heidegger, remete igualmente para a centralidade do ser, assim como fazem muitas grandes religiões e correntes filosóficas no mundo todo. O autor de *best-seller* Eckhart Tolle realça o aspecto do ser que é apresentado por inúmeros iogues e gurus: Ele escreve a respeito do "ser aqui e agora". Uma pessoa poderá realmente ser bem-sucedida se nunca estiver presente o tempo suficiente para sentir o perfume das rosas, o gosto do café e cada gota de água num chuveiro? Psicólogos afirmam que desperdiçamos dois terços de nossa vida porque passamos cerca de um terço de cada momento no futuro imaginário e um outro terço no passado. Gostaríamos de saber o que o nosso vizinho quis dizer ontem com a sua observação, e atormentamos nossa mente indagando se a pessoa amada irá nos telefonar – com isso perdemos o pôr do sol que acontece bem diante de nossos olhos, e esquecemos de viver. É provável que a verdadeira presença em cada momento singular ou, dito mais precisamente, simplesmente o "ser" se situe bem no topo da pirâmide dos sucessos.

Muitos executivos têm uma síndrome que se poderia chamar de *push-aholic*, portanto, o impulso permanente de olhar para a frente e avançar. Isso pode desembocar, por fim, numa assim chamada Síndrome de Burnout. Também eu muitas vezes me surpreendo com minha maneira de correr num ritmo muito acelerado e não dar a devida atenção ao ritmo de vida que exige necessariamente repetidos momentos de descontração, de desligar do trabalho, de domingo; e, com esta atitude, sobrecarrego meus e minhas colegas. Sei que, em meu próprio esforço para fazer a Puma progredir, em todos esses anos não fiz pausas com a frequência e a duração suficientes, a fim de me alegrar calmamente com os momentos de sucesso junto com minha equipe e com minha família. Certamente me alegrei em silêncio, mas sempre senti o impulso de começar logo a próxima tarefa, em vez de reconhecer adequadamente as pessoas que partilharam o sucesso comigo e permitir o descanso necessário. Agora sei que um equilíbrio melhor é importante.

Um símbolo de "sucesso falso" é, para mim, a personagem Ebenezer Scrooge, no romance *Uma história de Natal* de Charles Dickens. Scrooge consegue ter tudo, e ele parece estar bem no alto; mas seu destino seria morrer só e infeliz – se ele não tivesse reconhecido num sonho que precisava se libertar de sua obsessão e alcançar o "ser". A vida de Scrooge se transforma de uma vida de extremos numa existência equilibrada. Sua acumulação excessiva de bens desaparece, e sua concentração exclusiva em valores materiais é contrabalançada com o amor à família, uma natureza benevolente, a comunidade e as festividades. Se olharmos para o Oriente ou para o Ocidente: As vozes sábias dos filósofos Confúcio e Aristóteles sempre já designaram um *balance* dos extremos, equilíbrio e harmonia, de segredo para o sucesso. É verdade que são poucas as pessoas que possuem traços tão extremos do caráter como Scrooge os têm, mas pode ser que não percebamos as influências negativas que exercemos sobre os outros com o esforço para atingir nossos objetivos.

Ao tornar-me diretor de *marketing* na Puma, uma outra pessoa perdeu seu emprego. Meu sucesso sublinhou o fracasso de uma outra pessoa. E, quando me tornei executivo-geral, tive de demitir antigos colegas que não cabiam na minha visão de um futuro de sucesso para a Puma. Do ponto de vista deles, eles falharam na sua carreira na Puma, ao passo que eu, do meu ponto de vista, fui bem-sucedido. Portanto, sempre deveríamos estar conscientes dos impactos das nossas decisões.

Sucesso no grupo

O maior sucesso possível pode ser alcançado pelo indivíduo ou pelo grupo? Deveríamos, em todo caso, refletir sobre esta questão, pois um executivo pode influenciar diretamente a vida de muitos clientes, acionistas, colegas, empregados, vendedores e fornecedores. Por outro lado, o sucesso pessoal de um executivo depende basicamente do sucesso da sua equipe ou do grupo de empresas. Assim como os esportistas de equipes logo aprendem que o sucesso pessoal, sozinho, não leva a uma vitória coletiva. Por esse motivo, queremos intensificar, com o auxílio de nossa visão da Puma, o engajamento em favor da ética, da responsabilidade, da arte, do ambiente e da sociedade. Desse modo, todo o mundo econômico deveria trabalhar mais intensamente em conjunto com grupos e instituições sociais e não pensar exclusivamente no lucro econômico. Economia é uma parte da sociedade em que todos os setores estão ligados uns com os outros e com o todo maior. Promover o ambiente significa promover o próprio si-mesmo. Assim, deveria ser do interesse de todo indivíduo esclarecido perseguir e cultivar uma atitude cordial, quando não até espiritual diante do todo mais abrangente e superior.

Nas empresas poderíamos introduzir indicadores que incluam o aspecto ambiental e social, por exemplo, o Índice de Sustentabilidade Bruta (*Gross Sustainability Index*) ou, melhor ainda, o Índice de Sustentabilidade Global (*Global Sustentability Index*). Na esfera nacional, há muito tempo existem tentativas de aferir o sucesso coletivo. O antigo monarca do Reino de Butão, Jigme Singye Wangchuck, que queria conservar os valores budistas de seu país e definir qualidade de vida de maneira integral e não só na forma do produto social bruto, cunhou o conceito de "felicidade nacional bruta". O núcleo desse conceito é a concepção de que numa sociedade se alcança a verdadeira prosperidade quando o desenvolvimento material e o intelectual se complementam e se reforçam reciprocamente.

Um conceito econômico parecido é designado de General Progress Indicator (GPI) ou Indicador de Progresso Geral. O GPI é um indicador de prosperidade econômica e ecologia e pode substituir o Produto Interno Bruto (PIB) como parâmetro para o crescimento econômico. Com o GPI, economistas e políticos tentam mensurar se o aumento de bens e serviços de fato resulta em mais bem-estar e prosperidade para os cidadãos.

A ideia do sucesso coletivo gera não só novos índices, ela leva também a novos modelos. Por exemplo, o modelo *win-win*, de Bill Ury e Roger Fisher, especialistas em gestão de negociação e autores do livro *Como chegar ao sim*. Em vez de postular que o sucesso de uma pessoa leva inevitavelmente ao fracasso de uma outra, eles desenvolveram um modelo que permite que ambos ou até que mais pessoas ganhem. O enfoque *win-win* parte da ideia de que um número maior de partidos que perseguem objetivos distintos concordem com um objetivo comum maior, em vez de criar conflitos. Utilizada de modo consequente, essa disciplina de negociação leva a uma solução que satisfaz a todos. Na prática, esse modelo já foi aplicado com sucesso muitas vezes, por exemplo, entre empregadores e empregados, empresas concorrentes ou governos.

Esse modelo é diametralmente oposto ao princípio de uma vitória a qualquer preço que inspira muitas empresas, carreiras e esportistas. Ele evita, desse modo, as graves desvantagens do modelo vencedor-perdedor, exemplificado muito bem num outro evento esportivo: O assim chamado *underarm incident* ocorreu em 1981 no terceiro dos cinco jogos na rodada final do campeonato mundial de *cricket* na Austrália. Naquela ocasião, a anfitriã Austrália tirou da equipe da Nova Zelândia a chance de igualar o jogo quando o último arremessador australiano não arremessou a última bola da partida, mas a rolou pela grama ao seu adversário – em inglês isso se chama *underarm delivery*. Essa técnica, na verdade, era legal; no entanto, era considerada extremamente antiesportiva e, mais tarde, foi proibida pelo International Cricket Council. A equipe australiana, na verdade, venceu a partida e assim se tornou campeã mundial, mas perdeu sua boa reputação. A equipe australiana de *cricket* foi expulsa do campo de jogo sob as vaias de espectadores atônitos. O sucesso de curto prazo terminou com um prejuízo à imagem de longo prazo.

Na época posterior ao escândalo da Enron, as empresas procuram novos modelos de sucesso. Paradigmas de gestão como a de David Strauss da Universidade de Harvard e Peter Senge do MIT inspiraram muitas diretorias e suas equipes a apostar em cooperação em vez de confrontação. Esse paradigma de gestão significa que um sucesso pode ser, ao mesmo tempo, de natureza tanto pessoal como coletiva. Em conjunto com outros executivos que agem de modo similar, pode-se atingir objetivos pessoais. Ao mesmo tempo, executivos podem estar associados numa rede maior com pessoas que trabalham em prol dos objetivos do todo – ambiente e sociedade –, portanto, em prol dos objetivos dos quais possivelmente nosso planeta inteiro pode se beneficiar. Há até pessoas que afirmam que um sucesso pessoal verdadeiro tem de ser de natureza coletiva. Dessa maneira, esse sucesso é elevado a um nível superior da pirâmide. É por isso que o sucesso nos Jogos Olímpicos Especiais do ano de 1976 é algo tão especial.

O caminho próprio

Depois de ter ajudado a viabilizar muitas coleções, ideias e concepções nos últimos 20 anos, hoje as mais importantes para mim são aquelas que são benéficas tanto para o próprio si-mesmo como para a sociedade. Não pretendo aqui fazer pouco caso dos meus objetivos pessoais, pois é natural que os tenha como qualquer outra pessoa também.

A condição para o meu sucesso pessoal foi, sempre, encontrar o próprio caminho em cada situação e estar em equilíbrio com meu si-mesmo interior. Aos meus olhos, meu sucesso pessoal reside também em reconhecer e entender melhor o que me tornou a pessoa que hoje sou. Para mim, sucesso exige que me desenvolva constantemente, amplie minha consciência, aprofunde meu pensamento. Aspiro a aceitar minha própria imperfeição e as imperfeições dos outros, a aprender a lidar com questões difíceis na vida e nelas manter uma atitude positiva. Aprendi como é importante desfrutar os pontos altos e ao mesmo tempo compreender que os pontos baixos são uma parte da vida que traz conhecimento. Sucesso também significa para mim respeitar a mim mesmo e a história da minha própria vida, ou seja, tanto os dias felizes como os dias menos felizes.

Jochen Zeitz

Monge e executivo em diálogo

♦ ♦ ♦

ANSELM GRÜN • Para mim, pessoalmente, não se trata, em primeira linha, de que eu seja considerado bem-sucedido exteriormente. Na minha opinião, sucesso significa, antes, que, com o que eu faço, também realizo o que pretendo fazer. É que sucesso vem de suceder. Quando meu agir sucede minhas ideias e as implementa na prática, isso é para mim sucesso. Nesse caso, um importante critério para sucesso é que eu trabalhe de modo eficiente, que eu, portanto, tenha no meu trabalho o mínimo possível de perdas com atritos, que eu alcance meu objetivo com o mínimo de recursos possível.

Para mim, eficiência tem dois aspectos. O primeiro é espiritual: Eu trabalho de maneira eficiente quando me envolvo inteiramente com meu fazer e não desperdiço muitas energias com segundas intenções. Tais segundas intenções são a aspiração permanente a uma boa avaliação, ao reconhecimento e à confirmação. Se, no meu trabalho, sempre ficar me perguntando se os outros também o têm em alta consideração, não estarei concentrado nele. Neste caso, o trabalho avançará mais devagar e gastará mais energia. Portanto, não será um trabalho com um aproveitamento eficiente de energia, mas será um desperdício de energia. Esse aspecto espiritual se refere, porém, não só ao meu trabalho pessoal, mas também ao trabalho de uma empresa. Muitas vezes, desperdiça-se muita energia porque os funcionários não se respeitam em sua dignidade, mas se depreciam uns aos outros permanentemente. Em vez de se alegrar com as capacidades do outro e utilizá-las, bons funcionários são freados e bloqueados, para que não pareçam tão bons, para que não tenham um conceito muito elevado de si. Espiritualidade significaria: alegrar-se com a dignidade dos funcionários e promover suas capacidades em prol do indivíduo e do todo.

O segundo aspecto da eficiência é que eu organize meu trabalho de modo que consiga realizar o máximo possível no menor tempo possível. Isso significa não simplesmente manter sempre as mesmas rotinas de trabalho, mas examiná-las e refletir se ainda fazem sentido dessa maneira. Aqui é útil aproveitar a experiência dos próprios funcionários, pois muitas vezes eles têm o senso do que poderia ser mais simples, claro e transparente em seu trabalho.

No entanto, a eficiência não deve se tornar o "bezerro de ouro" que se venera, do contrário torna-se maldição para uma empresa. A eficiência sustentável requer, por conseguinte, a reflexão sobre a natureza. Ela cresce de modo eficiente, mas essa eficiência não é ilimitada. Ela corresponde à natureza íntima das plantas. Portanto, trabalhamos eficientemente quando estamos em harmonia com nossa essência mais profunda e com a natureza. Arte, assim diz Platão, deriva de imitação. E, neste caso, ele se refere sobretudo a imitação da natureza. Quando imitamos bem a natureza, aprimoramos cada vez mais e moldamos de modo mais efetivo a arte de trabalhar.

JOCHEN ZEITZ • Mesmo como diretor-geral de uma empresa, concordo com o senhor: O trabalho não tem de se tornar cada vez mais eficiente. Afinal de contas, as coisas erradas podem ser feitas de maneira errada inclusive com maior eficiência! Executivos e monges conhecem sucessos com os quais podemos aprender uns dos outros e inspirar uns aos outros. Como executivo fiquei impressionado com a abrangente sustentabilidade do mosteiro, com o seu sucesso social, ecológico, comercial e, é claro, meditativo. Inclusive fui tocado pela harmonia vivida, pela sinceridade e pela atitude positiva das pessoas de lá. Acredito também que os monges que conheceram o âmago de uma empresa bem conduzida ficaram um pouco espantados: com os recursos, com a efetividade das relações públicas, com a abrangência e a produtividade das práticas comerciais plenamente desenvolvidas.

Se aplicarmos o conceito "eficiência" ao nosso planeta e à natureza e analisarmos como empregamos nossos recursos hoje, reconheceremos que é preciso melhorar drasticamente nossa eficiência por meio de uma produtividade maior da utilização dos recursos. Para alcançar esse objetivo, no entanto, precisamos especialmente de métodos criativos e construtivos que tornem os resultados do nosso trabalho não só mais eficientes, mas que nos ajudem especialmente a realizar as mudanças no nosso sistema econômico atual e nos nossos produtos por meio de inovação e re-*design* com o propósito de transformá-los num novo modelo sustentável.

Eficiência é apenas um de muitos objetivos concorrentes num sistema econômico. Além disso, as diversas definições de eficiência podem se complementar ou, por outro lado, até estar em contradição uma com a outra. Na maioria dos casos, a eficiência é confrontada com a moral, especialmente com os conceitos de liberdade e justiça, ou com a proteção da natureza. No entanto, uma não precisa se dar necessariamente às custas da outra.

Em princípio, no mundo econômico se trata da produção de víveres e serviços; por conseguinte, acredito que ganhar dinheiro e fazer o bem não se opõem um ao outro. Uma empresa inclusive pode ganhar dinheiro fazendo o bem. Hoje há cada vez mais empresas de sucesso que contribuem para limpar ou melhorar o ambiente, em vez de prejudicá-lo. Assim, pode-se, por exemplo, ganhar dinheiro fornecendo melhores previsões meteorológicas que alertam as pessoas diante de tempestades, nevascas ou tsunamis. Portanto, o engajamento em prol da coletividade não leva necessariamente a um ganho menor. Antes, pode levar à prosperidade, baseada num novo paradigma comercial e industrial. Uma vez que nosso modelo econômico deve (e, como acredito, também irá) se modificar radicalmente no sentido de um mundo mais seguro, limpo e pacífico, empresas e empresários inovadores e dinâmicos encontrarão incontáveis possibilidades de realizar essa tarefa. Dessa maneira, a atividade econômica será ancorada na sustentabilidade econômica, com uma base produtiva de ganho e prosperidade de longo prazo e ao mesmo tempo de conservação do nosso ambiente e dos seus recursos naturais. Desse modo, crescimento econômico a qualquer preço se converte em crescimento sustentável.

Os produtos da Puma, na verdade, não servem à proteção da natureza; no entanto, nossos acionistas sabem que nós nos engajamos em criar valor de longo prazo, e que a sustentabilidade em qualquer aspecto hoje está firmemente ancorada na visão, na missão e no posicionamento da empresa. Por conseguinte, agir contra a sustentabilidade ecológica e social significaria simplesmente atuar contra os interesses de nossa empresa, de nossa(s) marca(s), de nossos valores e, desse modo, também contra nossos acionistas. Durante todos os anos da minha atividade acreditei no conceito do *shareholder value* de longo prazo e também agi de acordo com ele. Com esse enfoque, sustentabilidade e *shareholder value* são absolutamente compatíveis, mesmo que nós primeiro tenhamos de investir para alcançar nossos objetivos no sentido da sustentabilidade.

ANSELM GRÜN • Sustentabilidade significa, na minha opinião, não só lidar de modo sustentável com os recursos da criação e proteger a natureza. Devemos também lidar de modo sustentável com nossas próprias forças e com as forças de nossos funcionários. Trata-se de sustentabilidade social, de uma relação sustentável com os funcionários e com os seus recursos.

Por um lado, disso faz parte a proteção de postos de trabalho – o que pode perfeitamente se opor à eficiência, pois atualmente as empresas economizam maciçamente com despesas de pessoal. Por outro lado, a arte de gerir consiste em ordenar tudo de tal modo que os funcionários gostem de realizar as tarefas que lhes são atribuídas, que eles conheçam o seu papel na empresa, a influência que podem ter e o seu potencial criativo. O gestor não precisa ter tudo sob controle, mas deveria moldar o sistema de interesses da empresa de modo que os trabalhadores gostem de trabalhar nela e que prevaleça a clareza quanto às tarefas e competências. Somente quando prevalece a clareza, pode surgir um bom convívio. É certo que há diferentes estilos de gestão: O primeiro prescreve os objetivos e busca comunicá-los bem. O outro parte do pensamento sistêmico e procura configurar a comunidade de modo que ela se torne produtiva em sua ação, externamente, e tenha o mínimo possível de perda com atritos, internamente. Porém, sem gestão nenhuma comunidade poderá cooperar a longo prazo de modo próspero e sustentável.

O exemplo dos esportistas que o senhor descreveu aplica-se aos executivos e aos monges: Não importa ser sempre o primeiro. Inclusive a vereda da santidade não começa na minha porta. Como ecônomo monástico não tenho de entender de tudo: não tenho de ser o melhor contador, o melhor organizador, o melhor consultor tributário, o melhor administrador financeiro. E tampouco tenho de ser o monge mais perfeito e mais espiritual. Apesar disso, no mosteiro é preciso o ecônomo e o abade, assim como numa empresa é preciso o executivo. Também nos mosteiros se tinha a ilusão de que principalmente as pequenas comunidades não precisassem de superiores, de que elas mesmas pudessem se governar. Mas isso é um equívoco. Porque, quando não há uma estrutura clara, desenvolvem-se informalmente estruturas de poder. Nesse caso, o irmão com a maior capacidade de se impor assume o comando. Porém, seu poder não está claro. Ele o exerce apenas quando esse o beneficia. No entanto, quando deve assumir responsabilidade pela comunidade ele se recusa e recua com o argumento de que oficialmente ele, na verdade, não tem nenhum papel de direção. Tais obscuras estruturas de poder não fazem bem nem a uma comunidade nem a uma empresa.

JOCHEN ZEITZ • Administração é necessário; todos nós necessitamos de coordenação para poder executar tarefas, e, com efeito, independentemente de admitirmos o melhor ou o pior das pessoas. Ainda que as pessoas sejam essencialmente boas, elas precisam de alguém que coordene seus esforços – exatamente como o maestro dirige os bons músicos numa orquestra extraordinária. No entanto, ainda que sejamos naturalmente egoístas e interesseiros, precisamos de um maestro que nos motive a tentar independentemente um do outro e que nos impeça de jogar nossos instrumentos na cabeça dos músicos de que não gostamos.

Para os executivos, isso significa: Quando se gerencia dando bom exemplo, aqueles que são naturalmente bons acompanharão, e aqueles que têm uma natureza mais negativa serão levados pela corrente daqueles que tomam por modelo a integridade do executivo. Portanto, na administração é importante levar em consideração também a integridade, independentemente dos empregados cederem, antes, ao apelo de suas fortalezas ou de suas debilidades humanas.

É provável que, em todos nós, durante nossa vida, apareçam tanto os pontos fortes como os pontos fracos. Quando os executivos apoiam os melhores métodos e padrões éticos e, na medida do possível, os põem em prática, eles exercem uma grande influência e podem despertar também nos outros o melhor lado deles. Todos temos defeitos, e é claro que também nós, executivos, de modo algum somos perfeitos; por isso é bom termos diretrizes éticas, sem mencionar nossos conselhos administrativos, órgãos de controle e a opinião pública que nos observa atentamente.

ANSELM GRÜN • Um gestor tampouco tem de ser perfeito. Mas se ele apresentar exteriormente uma coisa que não é, estimulará esse comportamento também nos seus funcionários. Se, por outro lado, ele assumir a si e as suas debilidades, criará um clima em que cada um é grato pelos seus pontos fortes, mas também poderá falar sobre os seus pontos fracos e admiti-los. Isso não significa que todos nós devemos nos diminuir e desculpar porque temos tantas debilidades. Trata-se, antes, da abertura e serenidade de não nos iludirmos e de lidarmos criativamente com os pontos fortes e com os pontos fracos.

Não tenho a pretensão de que todos os funcionários sempre sigam minhas diretivas. Mas tenho a pretensão de que eles discutam o assunto comigo. Se eles acreditam que as diretivas não são coerentes, devem fundamentar esse ponto de vista e, à continuação, podemos considerar se as modificamos. Como executivo, certamente eu posso também aprender dos funcionários. De modo algum, porém, devo simplesmente ceder porque algumas diretivas não parecem aplicáveis. Quando os funcionários não me convencem com sua resistência, devo solicitar que façam o que eu havia sugerido em sintonia com outros do círculo de responsáveis. Lutar pelas soluções fecunda o convívio. Mas é preciso também decisões claras, sobretudo quando não surge um consenso entre os funcionários. Minhas diretivas serão tanto melhor implementadas quanto mais os funcionários confiarem que eu não decidi de maneira arbitrária, mas ouvindo as diversas concepções, bem como ouvindo a própria voz, ou seja, a voz de Deus. Não posso dizer: "Ouço a voz de Deus. Portanto, façam o que eu digo". Nesse caso, eu estaria colocando-me acima dos outros. Nunca se pode reivindicar a voz de Deus somente para si. É sempre apenas a tentativa de, ao ouvir a própria alma, presumir a voz de Deus. Ela se manifesta sempre em forma de clareza, liberdade, vitalidade e paz. Assim, Bento nos admoesta a escutar a voz de Deus no silêncio, bem como ouvindo os irmãos e os funcionários.

JOCHEN ZEITZ • No final, cada um define de modo inteiramente pessoal o que é sucesso profissional e privado e o sentido de sua atividade. Quando me aposentar, é provável que minha concepção de sucesso seja a de que criei um espaço que teve um efeito positivo, criativo, benéfico e favorável sobre as pessoas. Em retrospectiva, gostaria de poder dizer, como o expressou o escritor irlandês George Bernard Shaw, que minha vida foi uma vida que "ardeu como uma tocha, não como uma vela".

Pessoalmente, me agrada o tipo de conceito de vida do Buda: Não existe um sentido último da vida, existe (apenas) a própria vida. Salta-se para dentro do fluxo da vida, vivencia-se beleza e excitação, experimenta-se felicidade e tristeza e dá-se o melhor de si. Afinal, apesar da incerteza, existe sempre a certeza de que podemos viver agora esta vida única.

Creio que não se trata de precisar alcançar ou esgotar um potencial de sucesso completo, quantitativamente mensurado. Trata-se, antes, de valorizar a própria viagem da vida, ficar satisfeito com ela. Considero-me uma pequena gota no oceano do universo. Mas também uma gota deixa pegadas, independentemente de quão infinitamente pequena ela possa ser. Se um dia puder me sentar numa cadeira de balanço com um sorriso no rosto, significa que vivi uma vida boa e plena, inclusive a parte da minha vida chamada de "carreira".

ANSELM GRÜN • Quando passar minha tarefa de ecônomo para os irmãos mais jovens, não considerarei um sucesso se os meus sucessores continuarem a trabalhar exatamente como eu. Eles devem colocar outros acentos nas suas tarefas administrativas. Vivenciarei como sucesso se puder olhar, agradecido, para meu período como administrador, se os funcionários gostarem de se lembrar de mim e se importantes impulsos que eu estabeleci continuarem a ter validade. Levarei em conta como um sucesso se puder me liberar de meu trabalho, se puder me dedicar de todo o coração às tarefas que então serão importantes para mim. Pois, após meu período de administrador, não me sentarei na cadeira de balanço. Antes, farei aquilo a que meu coração me impele. Então terei mais tempo para ler e escrever, conversar e acompanhar as pessoas. Tudo o que eu fiz até agora, deve, mais tarde, fazer parte da nova atividade. Então sentir-me-ei em harmonia comigo mesmo. Isso é sucesso, na minha opinião.

10
Pontos fortes e pontos fracos

APESAR DE TODOS OS IDEAIS ÉTICOS que queremos realizar, apesar de toda sustentabilidade que buscamos em nossa atividade econômica, na implementação dessas aspirações sempre nos deparamos também com nossos erros e nossas debilidades. Nunca somos só fortes. No entanto, recebemos a tarefa de configurar e moldar o mundo de modo que ele corresponda à vontade de Deus, apesar ou justamente por causa das nossas fraquezas.

Já na Bíblia podemos ler a respeito desse tema. Jesus conta a Parábola dos Talentos (Mt 25,14-30). Um homem sai para uma longa viagem e chama seus três escravos. Ele confia a cada um deles uma parte de seus bens, dá a cada um a quantia correspondente à capacidade de lidar com o valor. O primeiro recebeu cinco talentos, o segundo dois, o terceiro um. Enquanto o homem viaja, o primeiro escravo começou a negociar com o dinheiro e duplicou o valor que lhe fora confiado. O segundo fez o mesmo, e também ele ganhou outros dois talentos. O terceiro escravo teve medo da severidade de seu senhor e enterrou o talento no jardim. Quando o senhor voltou da viagem e perguntou aos escravos sobre o que haviam feito com o dinheiro, os dois primeiros relataram seu sucesso, e o homem lhes repassa tarefas ainda maiores, porque ele não só está satisfeito com a maneira como lidaram com os talentos, mas também lhes confia ainda mais responsabilidade. Somente o terceiro escravo não encontra perdão. É-lhe tomado inclusive aquele único talento que ele havia desenterrado, e ele é expulso pelo senhor.

Talentos são capacidades, potenciais que recebemos de Deus e que devemos empregar e desenvolver na nossa vida. Na mencionada parábola, os dois primeiros escravos ganham mais uma vez os talentos que o senhor lhes havia confiado. Quem vive seus potenciais fica mais forte e, com seus potenciais, se torna bênção para os outros. O terceiro escravo, no entanto, enterra seu talento. Ele teme cometer um erro, e teme que seu senhor descubra suas fraquezas. No entanto, esse terceiro escravo, de quem involuntariamente temos compaixão porque não ganhou a parte devida, além disso ainda é punido. É "jogado na escuridão, onde há choro e ranger de dentes". Com essa parábola, Jesus quer dizer: Se viveres com esse pensamento de segurança, se, de tanto medo de errar, enterrares teus potenciais, teus talentos, já agora cairás na escuridão de tua vida não vivida. E se, de tanto medo, quiseres controlar tudo, tua vida sairá do controle. Rangerás os dentes à noite. Isso deve ser entendido de forma completamente literal – conheço muitas pessoas que rangem os dentes à noite. Elas querem controlar tudo, também à noite, e também tudo o que emerge no inconsciente delas. Elas gostariam de reprimir ou suprimir tudo isso, mas isso não faz bem nem para a alma nem para os dentes.

Ao passo que Jesus nos convida a viver nossos potenciais, Paulo experimentou que Deus também conta com suas fraquezas. Por um lado, Paulo era forte. Ele havia trabalhado mais que os outros apóstolos, assumido grandes tarefas, viajado por meio mundo e proclamado incansavelmente o Evangelho. No entanto, apesar de toda a força, ele tinha uma fraqueza: uma doença que lhe era desagradável. Hoje não sabemos mais em que consistia essa doença, mas Paulo padecia dela, pois ela colocou em dúvida sua imagem própria de um apóstolo forte. Paulo pediu a Jesus para livrá-lo dessa doença, dessa debilidade. No entanto, Jesus lhe respondeu: "Basta-te a minha graça, porque é na fraqueza que a força chega à perfeição" (2Cor 12,9).

Assim, Paulo teve de se conformar com sua fraqueza. Isso ele também conseguiu, e reconheceu que sua fraqueza se tornou justamente sua força, porque manifestamente tinha uma sensibilidade especial para as necessidades das pessoas e seus verdadeiros anseios. Desse modo, ele pôde dizer de si: "Quando me sinto fraco, então é que sou forte" (2Cor 12,10). Conosco muitas vezes se passa algo semelhante ao que Paulo viveu: Preferimos esconder nossas fraquezas ou, no entanto, pedir a Deus que ele nos livre delas. Achamos que somente poderemos servir bem às pessoas e a Deus se formos fortes.

Aquele que, durante a vida inteira, tem de reunir todas as energias para esconder as suas fraquezas, sobrecarrega a si mesmo. Aquele, porém, que reconhece suas fraquezas, encontra pessoas que o ajudam a equilibrá-las. Nesse caso, ele pode viver plenamente seus pontos fortes na amizade e na colaboração com elas e, desse modo, ajudar os outros.

Todo ser humano tem seus pontos fortes e seus pontos fracos. Da maturidade humana faz parte que a pessoa se torne consciente deles e os reconheça. Há pessoas que se desvalorizam permanentemente e se julgam completamente incapazes, embora tenham capacidades. Elas não mostram o que sabem e não acreditam nos próprios potenciais. Há outras pessoas que não reconhecem suas fraquezas e buscam ocultá-las ou dissimulá-las. Vivem cheias de medo de que os outros poderiam descobri-las. Quando cometem um erro, encobrem-no e o atribuem a outros. Elas gastam muita energia escondendo suas fraquezas.

Justamente entre as pessoas em cargos de direção, tal conduta tem grandes impactos, não só sobre elas mesmas: Quando não conseguem admitir suas fraquezas, elas se sobrecarregam. Tomam decisões, embora não tenham a competência necessária para isso, e agem como se as suas instruções fossem as únicas corretas. Não permitem questionamento e escondem suas fraquezas atrás da segurança própria e da soberania exagerada que transmitem exteriormente. No entanto, são justamente essas decisões tomadas a partir de uma debilidade que, muitas vezes, têm consequências desastrosas para a empresa e para o trabalho do indivíduo.

Deveríamos aceitar com gratidão nossos pontos fortes. Eles nos foram ofertados e não são um mérito nosso. Mas os recebemos como um dom, para que se tornem tarefa também para nós. Temos a tarefa de aportar nossos potenciais. É o que alegra a nós mesmos e pode se tornar uma bênção para os outros. Quem permanentemente oculta seus potenciais e até se desculpa por eles, vive travado. Muitos não expressam seus potenciais, porque temem que os outros poderiam olhá-los com inveja. No entanto, é pouco útil quando, por exemplo, funcionários fortes numa empresa se deixam frear pela inveja dos fracos. Aí surge a paralisia; e a estagnação se dissemina.

No entanto, igualmente importante é admitir nossas fraquezas. Quem faz isso não é fraco, antes, é forte. Em algumas empresas prevalece um clima em que ninguém se atreve a admitir suas fraquezas, pois, em consequência, muitas vezes a pessoa é exposta ou "descartada". Essa não é uma boa cultura empresarial.

Quem admite suas fraquezas reconhece suas capacidades, mas também seus limites. E só quem admitir seus limites poderá superá-los. Isso é muito importante, justamente como executivo, pois, quem admite tanto seus pontos fracos como seus pontos fortes, encoraja seus funcionários a fazerem o mesmo. Quando se conhece ambos em cada indivíduo, pode-se empregá-los também da melhor maneira.

Às vezes, nossa fraqueza é até mesmo nossa força: É um bom sinal para um dirigente quando ele sabe exatamente no que é forte e no que é fraco. Nesse caso, ele não precisa esconder suas fraquezas, mas pode confiar, por exemplo, a um funcionário as tarefas com as quais têm dificuldades. É uma atitude que serve a ambos: O funcionário experimenta que o seu superior confia na sua competência e este não se sobrecarrega a si mesmo. No caso ideal, isso significa que um executivo não deve se esforçar demais quando, por exemplo, tem dificuldades de suportar e solucionar conflitos. Ele admite isso e reflete sobre como buscar uma solução, quem pode convidar para conversas, quem possui a competência necessária e a liberdade interior para reagir de modo inteligente e ponderado numa situação em que os ânimos ficam exaltados. Ele não estaria reprimindo o conflito, nem adiando uma solução. Seria a admissão: Não tenho de saber tudo eu mesmo. Se conheço minhas fraquezas, procuro funcionários que são fortes nos pontos em que eu sou fraco. Isso não significa, porém, que eu me submeto a eles. Antes, considero-os capazes de empregarem seus talentos em prol da empresa, ou seja, distribuo o trabalho de modo que os pontos fortes e fracos dos funcionários frutifiquem uns aos outros, em vez de se bloquearem mutuamente.

São Bento tinha em conta que, em sua comunidade, havia tanto fortes como fracos, e dispôs que o abade lidasse sabiamente com eles. Alguns líderes incentivam apenas os fortes e deixam de lado os fracos. Ou despedem todos os que mostram fraqueza. No entanto, dessa maneira se cria um clima em que cada um teme ser o próximo a não aguentar a pressão. Tal clima de medo não incentiva os fortes nem encoraja os fracos. Também há aqueles superiores que se preocupam apenas com os fracos. Eles apelam sempre para que os fortes os levem em conta. É algo bem-intencionado. No entanto, muitas vezes eles freiam os fortes. Para que ninguém se sobressaia, todos são nivelados por baixo. É o que tampouco faz bem para uma empresa, muito menos para os seus funcionários.

São Bento convidou, na sua regra, o abade a ordenar tudo de modo que "os fortes descubram ao que anseiam, e os fracos não fujam" (*Regula Benedicti*, 64,19). Segundo Bento, esta é a virtude da *discretio*, o dom do discernimento: O abade deve enxergar precisamente o que o indivíduo precisa. Deve tratar os fortes de outro modo que os fracos e não deve aplicar o mesmo critério para todos. Deve incentivar os fortes, mas não às custas dos fracos. Não deve desencorajar os fracos, mas erguê-los, mas não às custas dos fortes. Antes, ambos devem ser incentivados. Ao abade foi dada a tarefa de criar um clima em que os fortes são desafiados a aportar sempre mais seus talentos e assim levar a comunidade adiante, em que, porém, os fracos não fujam, mas aportem sua força igualmente para o bem do todo.

Segundo Bento, uma questão importante é como um mosteiro trata seus monges. Um mosteiro que poda os fortes, a longo prazo não poderá ser autárquico, porque está permanentemente ocupado consigo mesmo. Um mosteiro que ignora os fracos, em algum momento irá desvalorizar a si mesmo, porque se afastou de seus princípios cristãos.

Na escolha dos irmãos mais jovens, portanto, é importante ficar atento para que o equilíbrio entre fracos e fortes seja mantido, para o bem de ambas as partes.

Quando fortes e fracos tratam bem uns aos outros, isso se torna uma bênção para a comunidade. Na maneira de lidar com os fracos – por exemplo, os doentes – uma comunidade revela sua verdadeira força. Mas uma empresa em que os fortes são reprimidos – porque os executivos temem que os funcionários possam se tornar mais fortes do que eles mesmos – terá seu desenvolvimento freado e precisará de muita energia e força para controlar essa freada dos funcionários. A verdadeira arte de gerir as pessoas consiste em incentivar e desafiar os fortes, sem desencorajar os fracos.

Anselm Grün

Monge e executivo em diálogo

♦ ♦ ♦

JOCHEN ZEITZ ♦ As fraquezas pessoais de executivos e de monges são intensamente percebidas e amplamente discutidas pela opinião pública há meses. A Igreja Católica na Alemanha perde adeptos e fiéis em virtude do escândalo de abuso sexual. O mundo da economia tem suas próprias grandes crises: a crise financeira, o abalo da área do euro. Em ambos os universos, pessoas estão no pelourinho, porque foram consideradas gananciosas, agiram de maneira imoral, transgrediram leis e prejudicaram outras pessoas.

Esse fenômeno não é novo. No decorrer dos séculos, executivos que se consideraram parte de uma casta elitista muitas vezes saíram dos trilhos no mundo da economia – bem como em outros setores da sociedade – e às vezes também fracassaram em grande estilo. Um dos maiores problemas da falida corporação Enron foi a arrogância. Quando se observa atentamente esses grandes fracassos empresariais, percebe-se que o núcleo dos grêmios administrativos era composto de muitas pessoas arrogantes. Elas mesmas se consideravam tão bem-sucedidas que, a seus olhos, as leis gerais dos homens e da natureza não tinham mais validade para elas.

É claro que grandes problemas e crises econômicas não surgem apenas por causa do comportamento equivocado de alguns banqueiros e executivos. Geralmente, é todo um sistema que falha. Antes da crise financeira, por exemplo, houve toda uma série de pessoas que buscavam vantagens e ganhos: proprietários de casas que, na realidade, não tinham condições de adquirir um segundo ou terceiro imóvel, mas que contavam com o lucro de uma rápida revenda. Credores que aprovavam automaticamente muitos contratos e esperavam que a bolha nunca fosse estourar. Pequenos investidores que compravam papéis de alto risco, dos quais nada entendiam.

Portanto, quem é o culpado? No final das contas, é apenas o ávido banqueiro que inventou produtos financeiros obscuros que o megainvestidor americano Warren Buffet mais tarde chamou de “armas de destruição em massa”? Transformar alguns poucos em bodes expiatórios significa fugir à própria responsabilidade. Nesse caso, todos nós, banqueiros, executivos e consumidores, temos de reconhecer nossas fraquezas e aprender com esse caso –, para evitar problemas futuros.

Desse modo, os executivos devem tentar garantir que eles mesmos e seus funcionários ajam corretamente. Nós dirigentes somos responsáveis pelos fracassos e pelas falhas da nossa empresa. É para isso que somos bem pagos – às vezes bem demais, ponderam os críticos. Mas não valem para nós as mesmas regras do que para as outras pessoas? Não podemos cometer erros, sem que logo sejamos considerados maus e execrados publicamente? Certamente aqueles que cometeram erros graves e significativos às custas dos outros devem ser responsabilizados por eles, mas não existem limites humanos e justos com respeito à extensão com que os erros às vezes são tornados públicos e estigmatizados?

Importante é, no entanto, menos a posição do autor do que a causa da falha: Falta de visão ou um descuido certamente devem ser avaliados de modo bem diferente que a fraude deliberada, a descarada ambição pelo poder ou a avidez pessoal! Padre Anselm, o senhor certamente também citaria Jesus com suas palavras dirigidas à multidão que queria apedrejar uma mulher: "Quem não tiver pecado atire a primeira pedra".

Assim como o Papa Bento designou a crise da Igreja também como "crise de dentro", nós executivos e banqueiros também devemos considerar a partir de dentro a atual crise financeira e econômica, tirar nossas próprias conclusões e nos ocupar, de modo consequente e corajoso, com as mudanças no sistema.

Isso depende de quatro coisas: As pessoas responsáveis devem assumir sua responsabilidade e suas fraquezas pessoais; o respectivo sistema deve ter regras e leis que ajudem a evitar as falhas e impedir que possam ser encobertas. O juízo sobre os erros deve fazer diferenciações, e o sistema enquanto tal deve ser mudado a partir de dentro. É nessa direção que as igrejas, a sociedade e a economia devem se desenvolver.

ANSELM GRÜN • Tomei conhecimento com grande preocupação dos escândalos no setor financeiro e dos casos de abuso sexual na Igreja Católica. Na minha opinião, é normal que executivos de bancos cometam erros. Mas o que às vezes me assusta é a maneira de lidarem com os erros. Alguns, com total consciência e com grande cobiça, ficaram de olho apenas no seu próprio ganho, mas, depois, não assumiram a responsabilidade pelos seus erros. Lavaram as mãos e, após seu fracasso, ainda reivindicaram os pagamentos de bônus de seus negócios fracassados. Isto eu já acho desavergonhado. Erros acontecem, mas poderei conservar minha dignidade somente se assumir meus erros e não agir como se nada pudesse fazer a respeito. Entretanto, naturalmente também notei que a sociedade colocou os bancos em geral no pelourinho. Muitos ou até a grande maioria dos empregados dos bancos não têm nada a ver com esses negócios. Portanto, é importante observar atentamente e não permitir um comportamento que falte com os princípios éticos e com a decência.

Como monge e membro da Igreja Católica, no entanto, também tenho de me posicionar sobre os escândalos nas próprias fileiras. É vergonhoso que a Igreja, que muitas vezes se manifestou com grande apelo moral, não tenha tratado apropriadamente os sacerdotes que faltaram com esse ideal. Lamentavelmente o abuso sexual foi encoberto em várias ocasiões. A reputação da Igreja era mais importante do que o sofrimento das vítimas. Somente em 2002, a Conferência dos Bispos da Alemanha estabeleceu novas diretrizes para lidar com o abuso sexual. A atual acusação à Igreja se refere ao seu comportamento antes do ano de 2002. A revelação dos casos de abuso sexual nos últimos 40 a 50 anos lançou a Igreja numa crise profunda. É importante que ela enfrente essa crise, para que se torne uma crise purificadora. Assim, a maneira de a Igreja lidar com esse problema poderia perfeitamente ter também um efeito purificador sobre a sociedade. Porque é um problema que afeta toda a sociedade que sobretudo os homens passem dos limites no que se refere a crianças e mulheres, a fim de darem vazão às próprias necessidades sexuais. Em 90% dos casos de abuso sexual, o autor é proveniente do âmbito familiar. Portanto, é importante que observemos atentamente como pôde e pode ocorrer o abuso. Na minha opinião, há três causas: Primeira, a falta de integração da sexualidade na própria autoimagem. A pessoa carece de uma relação saudável com a sexualidade, separou-a e a vive secretamente ou é dominado por ela e precisa dar-lhe vazão abertamente. Muitas vezes, as pessoas que abusam de crianças ficaram paradas, elas mesmas, em termos de desenvolvimento, na condição de uma criança.

A segunda causa é a falta de compreensão da sexualidade. Sexualidade sempre tem algo a ver com relação. Para poder viver a sexualidade de maneira salutar é preciso uma relação benéfica e sustentável. Porém, é preciso cultivar essa relação. A união sexual somente é possível quando a relação é harmoniosa. Porque para muitos esse cultivo do relacionamento é muito árduo, eles buscam, em troca, extravasar sua sexualidade com crianças. Dessa maneira, porém, ela se torna destrutiva e ofensiva. O maior dano causado às crianças por meio de um abuso consiste em que elas ficam completamente confusas em seus sentimentos. Pois, muitas vezes o abuso ocorre, como sabemos, sob o manto da dedicação e do amor. Nesse caso, a criança nunca mais se reconhece e emudece em seu interior.

A terceira causa do abuso sexual é a identificação com as imagens arquetípicas: A pessoa se identifica, por exemplo, com a imagem do ajudante ou do terapeuta e nem sequer percebe que, em troca, expressa suas próprias necessidades de proximidade e sexualidade. A identificação com uma imagem arquetípica – segundo C.G. Jung – deixa a pessoa cega para as próprias necessidades.

O debate acerca do abuso sexual é um desafio para que as igrejas lidem de modo mais claro e decidido com tais casos e descubram novos caminhos para a formação e a escolha de sacerdotes. Não basta estudar teologia. Os candidatos ao cargo de sacerdote devem se ocupar também com seu desenvolvimento pessoal e com a integração de sua sexualidade em sua própria vida.

Nesse caso, de qualquer maneira, deve-se ponderar se, além dos sacerdotes celibatários, não deveriam haver também sacerdotes casados. Isso ampliaria o círculo dos candidatos ao sacerdócio e objetivaria a discussão.

A outra tarefa seria refletir de novo sobre o abuso sexual e sobre a maneira de lidar com os limites de outras pessoas, particularmente com referência a crianças. Se, de tanto medo, não for mais possível nenhum contato durante a educação das crianças, isso também seria algo ruim para elas. As crianças precisam de proximidade, mas de uma proximidade confiável e de uma proximidade tal que os adultos estejam conscientes dos seus limites e também respeitem claramente esses limites.

Os monges antigos dizem: Em vez de julgar os outros, deve-se ver os erros deles como um espelho em que nós percebemos os próprios defeitos. A crise da Igreja poderá se tornar salutar para ela mesma e para a sociedade, se todos olharem nesse espelho que os meios de comunicação nos apresentam com os relatos dos casos de abusos sexuais. No entanto, isso se aplica a todos os passos em falso, também para os do setor financeiro. Se vermos os outros apenas como bodes expiatórios que temos de massacrar, nada mudará na sociedade. Somente se estivermos dispostos a olhar no espelho que as pessoas que cometem erros nos mostram, iremos amadurecer em nosso desenvolvimento e assim descobrir uma relação humana.

JOCHEN ZEITZ • Tanto o monge como o executivo vivem no interior de limites legais e culturais que, com o passar do tempo, se modificam, se desenvolvem, são testados e também se desfazem novamente. Creio que, no interior desse marco, todos nós temos de descobrir os próprios limites em que podemos viver e trabalhar.

A ambição e o prazer se tornam um problema quando cedemos aos nossos impulsos, que Sigmund Freud descobriu e esclareceu só no final do século XIX e início do século XX. A este respeito, é claro que na discussão se deve diferenciar entre limites seculares e eclesiásticos. Uma pessoa cuja ambição lhe diz que ela deve acumular cada vez mais dinheiro, ainda que prejudique os outros, encontra-se num estado psíquico que pode ser comparado, *cum grano salis*, com o de uma pessoa que abusa de crianças. É claro que esta última tem um efeito muito mais destrutivo sobre a vítima, mas nas duas situações trata-se de uma falta de controle. Quando nos deixamos conduzir pelo desejo só distinguimos aquilo que desejamos – sexo, dinheiro, drogas, álcool.

Frequentemente se esquece, nesse caso, que Igreja e Estado têm mecanismos diferentes de reagir a esse tipo de desejos equivocados. A legislação eclesiástica contém leis morais do tipo "oferece também a outra face", "não julga" e "quem não tiver pecado, atire a primeira pedra". Esse modo de pensar se distingue completamente das leis seculares em muitos países. Estas se baseiam em princípios como "adequar a punição ao crime", "olho por olho" e "o principal princípio da nação é o tratamento igual". Por conseguinte, os processos e mecanismos que operam no centro do poder da Igreja nunca foram comparáveis aos mecanismos de tomada de decisão e de solução de conflitos empregados, entre outros, nas corporações modernas. Estes se baseiam mais intensamente em reflexões racionais e, portanto, talvez sejam melhor adequados para resolver situações e problemas incomuns.

Por conseguinte, aqueles de nós que se sentem obrigados pela lei secular têm grandes dificuldades de entender um suposto abafamento dos casos de abuso sexual por uma igreja que, de acordo com sua própria cultura, defende em primeira linha o perdão. Uma cultura do perdão facilmente é mal interpretada por uma cultura baseada em justiça secular. Quando um sacerdote é "perdoado", recebe somente uma advertência e, além disso, uma segunda chance; é compreensível que o mundo exterior, por causa da gravidade do crime, tenha a impressão de que ele não foi punido de maneira apropriada. Daí resulta a impressão de injustiça.

Eu endosso inteiramente essa maneira de pensar. De fato, creio que a hesitação ou mesmo a letargia (e, em muitos casos, a mentalidade do silêncio ou do abafamento) é inaceitável em qualquer circunstância quando se trata de enfrentar e resolver as questões e os problemas de maneira sistemática e moralmente apropriada. Porém, acredito que devemos também tentar entender o que aconteceu, e somente então formar a própria opinião, sem condenar tudo desde o primeiro momento. É difícil que questões desse tipo se tornem compreensíveis sem um contexto da elucidação cultural e do desenvolvimento moral.

Assim como nós executivos aprendemos com nossos erros e devemos aprimorar permanentemente nossos métodos empresariais, também a maioria dos responsáveis na Igreja está disposta a aperfeiçoar seus sistemas e métodos arcaicos e submetê-los às regras e leis seculares nos casos graves. Nesse caso, os mais novos conhecimentos deveriam ser levados em consideração, introduzindo, por exemplo, processos práticos correspondentes e uma instância institucionalizada para tratar dos casos de abuso ou fazendo uma escolha melhor, ou seja, alcançando um melhor acompanhamento dos sacerdotes por meio da aplicação dos modernos métodos de psicanálise. Espero que futuramente a Igreja não só aja rapidamente, mas também tome as devidas medidas preventivas, a fim de minimizar o perigo de que, no futuro, se repita o comportamento abusivo em relação a outras pessoas.

Por conseguinte, a tarefa dos especialistas nas diversas disciplinas é encontrar as respostas certas. No entanto, isso não significa que tampouco as corporações no passado tivessem e ainda hoje tenham problemas parecidos. Pensemos somente na discriminação de minorias ou no abuso de mulheres – problemas que em muitos países e especialmente nos Estados Unidos levaram a leis rígidas somente há alguns anos, mas que ainda hoje são comuns no mundo. Sem fazer qualquer menção aos excessos que ficaram evidentes justamente na última crise financeira e que para muitos custou sua existência.

ANSELM GRÜN • A Igreja e a economia precisam a coragem de olhar a própria verdade nos olhos, portanto, a humildade. A palavra latina para humildade, *humilitas*, deriva de *humus* e significa "terra, solo". Significa a coragem de admitir a própria humanidade, o vínculo com a terra. Aí ficamos com os dois pés no chão e não decolamos. Há executivos que superestimam a si mesmos. Comentários do tipo "os outros são todos estúpidos, eles não têm noção" sempre são um sinal de tal superestima. A *hybris* cega. A pessoa se nega a encarar a própria realidade e a de uma empresa. Ela se ilude porque não suporta a sua verdade. Os exemplos mencionados nos mostraram para onde isso leva.

Para os executivos humildade significa, em primeira linha, que se sabe de si mesmo, que se conhece exatamente a si mesmo, também com seus defeitos e suas fraquezas. Um executivo não deve se desculpar por causa de suas fraquezas, mas simplesmente aceitá-las e, ao mesmo tempo, ser grato pelos pontos fortes que Deus lhe ofertou também. Humildade é uma atitude do indivíduo, mas também as empresas precisam de humildade. Às vezes, numa empresa predomina a convicção de que se é a melhor empresa e, por conseguinte, se deve depreciar as outras empresas. Quando desvalorizo os outros, sempre é um sinal de que, no fundo, tenho medo de, eu mesmo, não ter valor. Quem sabe de seu valor não precisa se colocar acima dos outros.

Humildade significa, portanto, a avaliação realista de meu si-mesmo e o juízo realista da empresa. Deveríamos ser gratos pela boa cooperação. E humildade nos guarda de decolarmos. Mesmo quando uma empresa vai bem, da noite para o dia um fator externo pode ameaçar seu futuro. Ou surge um conflito imprevisto e, de repente, a empresa, agora mesmo ainda glorificada aos céus, é confrontada com sua própria verdade e fragilidade. Quando os responsáveis pela empresa contam muita vantagem, devem tomar cuidado para que suas palavras grandiloquentes não se voltem contra eles. E quando conto vantagem de mim mesmo, é certo que, em algum momento, minhas fraquezas denunciar-me-ão. Humildade tem algo a ver com coragem. É a coragem de assumir a si mesmo, a coragem de descer para a própria humanidade, para a sua ligação com a terra; a coragem de ficar com os dois pés no chão, em vez de decolar e se sobrepor aos outros.

JOCHEN ZEITZ • Não estou convencido de que os administradores de empresas em geral necessitem de mais humildade. Mas os executivos e dirigentes deveriam verificar permanentemente seus próprios comportamentos e posturas por meio de autorreflexão crítica. Os executivos sempre deveriam estar conscientes do fato de que sua própria prosperidade depende também do apoio e da contribuição dos outros. Em vez de convidar os administradores de empresas a mostrar mais humildade, talvez todos devessem se empenhar em mostrar mais humanidade. Como escreveu o editor Alex Steffen, na introdução do livro *WorldChanging*, "o destino da humanidade depende do resultado da competição entre solucionadores de problemas e os próprios problemas. O mundo virá a ser melhor – nós apenas temos de cuidar para que se torne mais rapidamente melhor do que pior". Creio que, na verdade, cada ser humano singular deve e também pode dar a sua contribuição para um mundo melhor. Porém, o mundo da economia e seus dirigentes devem desempenhar um papel especial, pois poucos são os setores que têm um potencial tão grande: tanto no sentido positivo, quando administra no sentido positivo, como no sentido negativo, quando ignora importantes regras e princípios e, em troca, se atém apenas à própria vantagem.

ANSELM GRÜN • Quando Deus não está mais no centro, mas o dinheiro – é minha opinião – também a consciência perde sua força determinante para o ser humano. Quem somente está voltado para o dinheiro perde a consciência. Não tem mais escrúpulos. Escrúpulo se referia originalmente a pedrinha pontiaguda que simboliza os sentimentos de culpa, as dúvidas angustiantes que querem estimular o ser humano a viver sua vida apropriadamente e a guardar os valores corretos. A crise financeira revelou a falta de consciência de muitas pessoas. Experimentamos dolorosamente qual é o resultado, quando as pessoas que lidam com dinheiro não têm mais consciência, quando não estão mais conscientes do que realmente fazem.

11
Responsabilidade
A metáfora do jardim

Em muitas culturas antigas, um mestre Zen ou um xamã ajudava as pessoas a obter conhecimento com um enigma ou uma história. Sócrates, Platão e Aristóteles também se expressaram por meio de metáforas, exatamente como os mestres e professores sábios de muitas culturas orientais.

Imaginemos estar sentados ao redor da fogueira de um desses mestres, que nos propõe o seguinte enigma: "Três jardineiros cuidam de um grande jardim. O primeiro trabalha sem parar e durante muito tempo e somente deixa sua parte do jardim quando todo o inço foi retirado e todo o produto foi recolhido. O segundo não trabalha tantas horas, mas, quando o jardim requer sua atenção, porque o grão está maduro ou uma seca é iminente, ele trabalha ainda mais intensamente que o primeiro jardineiro. O terceiro jardineiro, por fim, decidiu que necessita de um tempo de auto-observação e de pausa, para verificar o sentido e a orientação de sua vida. Portanto, deixa o jardim de vez em quando. Qual jardineiro realmente mostrou senso de responsabilidade?"

Como resposta possivelmente diríamos: "O primeiro jardineiro mostra claramente o maior senso de responsabilidade, pois ele é o que mais trabalha". Ou: "É evidente que é o segundo jardineiro, dele precisamos para o cuidado do jardim. Ele sabe que deve trabalhar duro quando for preciso". Quem de nós escolheria o terceiro jardineiro, que aparentemente abandona o jardim e não assume a sua responsabilidade?

O mestre que nos propôs o enigma dirige nosso pensamento em outra direção: "Eu respondo que todos os três revelaram um verdadeiro senso de responsabilidade. Precisamos de todos eles, não apenas para um jardim cultivado. Responsabilidade nem sempre diz respeito apenas às tarefas que estão na vez neste momento. Às vezes, só não ouvimos a nossa voz interior que nos aconselha de uma perspectiva superior a executar o trabalho do jardim de outra maneira. Quem percebe essa voz, possivelmente terá de renunciar àquilo que fez anos a fio de modo irrefletido. Com suficiente distância ele reconhece os próprios erros e identifica novos caminhos para trabalhar de forma mais efetiva no futuro. Às vezes, é necessário se deslocar para um novo patamar, para ouvir essa voz interior. Ela conduz a uma nova visão, a uma nova vereda, ou seja, a um novo jardim".

Nosso mestre prosseguе: "Responsabilidade é não só a obrigação de prestar contas diante dos superiores e da família. Há uma responsabilidade perante algo muito maior – Deus, o si-mesmo superior e a terra. Por conseguinte, não sejamos tão rígidos com o terceiro jardineiro, que, por meio de sua pausa, talvez aprenda como pode trabalhar melhor, quando não até mais arduamente, ou que, na medida do possível, assuma um outro jardim que dê melhores resultados. Tampouco desprezemos o segundo jardineiro, só porque ele não trabalha sempre. Ele aprendeu a agir em harmonia com os ciclos da natureza. Assim como a natureza, também ele economiza energia quando a semente repousa inativa na terra. Por isso ele se prepara para trabalhar dobrado quando a colheita tiver de ser recolhida rapidamente, antes que a geada comece. Nossos antepassados sabiam muito bem como trabalhar de acordo com os ciclos da energia solar, e eles foram jardineiros extraordinários, porque entendiam o ritmo da natureza e trabalhavam de acordo com ele. Mas isso não significa que o primeiro jardineiro é menos importante ou é superficial. Seu engajamento, sua dedicação ao jardim é inestimável e, se necessário, sempre está disponível pelo menos um jardineiro confiável. Ainda que aparentemente não haja colheita para recolher, ele se prepara, mesmo assim, para o próximo ciclo e conserta as cercas. Se o segundo jardineiro simboliza o equilíbrio natural, o terceiro jardineiro, a sabedoria, o primeiro, a regularidade. Ele é confiável e garante o cuidado constante do solo e da vegetação. Todos os três jardineiros são necessários, e todos eles revelam verdadeiro senso de responsabilidade".

Neste ponto o mestre encerra e a conclusão da parábola é: Todos são solicitados. Todos podem assumir responsabilidade.

Tenhamos em mente, por um momento, o modo de pensar do filósofo Jean-Paul Sartre e a sua concepção de responsabilidade. Sartre diz que o ser humano é responsável não só pelo seu agir, mas pelo seu não agir. Por exemplo, enquanto eu escrevo ou você lê, em muitas partes do mundo predominam a fome e a pobreza e avança a destruição do ambiente. Segundo Sartre, eu e você seríamos responsáveis por isso. É claro que protestaríamos contra essa afirmação – nós nem sequer sabemos suficientemente o que ocorre em lugares distantes do mundo. Além disso, dificilmente podemos fazer alguma coisa para mudar as condições trágicas destes locais. Sartre replicaria que eu e você nos decidimos a ficar desinformados. Eu, por exemplo, decidi justamente agora escrever essas linhas, em vez de me engajar e fazer alguma coisa contra a fome e a pobreza. Afinal, eu poderia organizar uma ação de doações e, por meio de meus contatos, chamar a atenção para a situação. Mas eu me decidi a ignorá-la e não fazer uma doação para o homem que, neste momento, toca a campainha de minha casa para arrecadar dinheiro para crianças abandonadas e maltratadas atendidas pela Children's For Aid Foundation. Eu sempre sou responsável pelo que faço, e também pelo que prefiro ignorar, ou seja, omitir.

Há uma responsabilidade, ou para expressá-lo de modo mais motivador, uma chance de se libertar de uma vida "programada". Cada um pode ver, ele mesmo, o que deve ser feito, em vez de manter cegamente o *status quo* ou seguir a tendência das massas. Nesse caso, não se trata de questionar qualquer ação por menor que seja, por exemplo, por que se toma o mesmo caminho quando se pratica *cooper*, por que costumeiramente se escreve com a mão direita ou sempre se recorre aos mesmos argumentos. Antes, trata-se das grandes questões a respeito do que queremos fazer com nossa vida. Se não nos perguntarmos sobre isso e a nossa existência, como a chamou o sociólogo Max Weber, for uma rotina, estaremos realmente conscientes da nossa responsabilidade? Tomamos em consideração as opções que libertam nosso pensamento e são significativas para a nossa existência?

Diante desse pano de fundo, a filósofa americana Lorraine Code, em seu livro homônimo, fala de *Epistemic Responsability*, portanto, de responsabilidade epistêmica. Ela apresenta a tese de que as pessoas têm a obrigação de pensar – e, com efeito, de tal modo que seja relevante para o contexto maior. Quando, por exemplo, viajo dos Estados Unidos para a Inglaterra, tenho a obrigação de saber que devo andar de carro do lado esquerdo da rua. Quando construo uma usina nuclear, tenho a obrigação de saber o que um derretimento do núcleo nessa instalação poderia significar para o ambiente.

Em muitos aspectos, os executivos estão diante dessa responsabilidade epistêmica. Se, por exemplo, na minha produção da Puma, empregar algodão cultivado especificamente para esse fim, existirá uma relação entre mim e a maneira de cultivo e da colheita. Portanto, serei parcialmente responsável pelo emprego de pesticidas, crianças ou colhedores mal pagos. Se usar o couro de gado de certas regiões do Brasil, serei corresponsável pela destruição das florestas tropicais, desmatadas para possibilitar a pecuária.

Onde começa minha responsabilidade e onde ela termina? Ajo responsavelmente quando pago só o salário mínimo ou economizo recorrendo a materiais e fornecedores que prejudicam o ambiente? Ou quando retardo reformas nos processos produtivos a fim de alcançar ganhos consideravelmente maiores? Não é verdade que minha responsabilidade cresce à medida que tomo consciência das consequências dos meus atos?

Quando se começa a refletir sobre mestres zen e filósofos, fica evidente que responsabilidade não significa apenas executar tarefas. Significa, antes, saber quais atividades devem ser executadas e com quem, quais as possíveis consequências e se a pessoa certa é responsável por essas tarefas. Isto é: Tenho uma responsabilidade individual, social e global e não exerço apenas o papel do primeiro ou do terceiro jardineiro.

Para aqueles que, como eu, executam atividades executivas, nem sempre é fácil estar ciente desta responsabilidade maior. Quando me foi confiado o cuidado do jardim Puma – se é que se pode chamar assim –, havia ali muito inço e muitos jardineiros em conflito. Nossa presença no mercado já era extremamente fraca há mais tempo. No seu livro *Dic Puma Story*, Rolf-Herbert Peters pontuou precisamente a penúria de nossos mercados na metade dos anos de 1980. Ele estava totalmente surpreso quando, numa transmissão televisiva, descobriu a logomarca da Puma na raquete do tenista Boris Becker, escreveu ele. A reação na ocasião: "Puma, afinal, ela ainda existe?" Após esse declínio e anos de perdas, a empresa estava ameaçada quando cheguei. Minha única responsabilidade parecia consistir em regar o jardim e novamente torná-lo fértil.

No decorrer dos anos, meu senso de responsabilidade se ampliou. Antes de tudo, envolveu minha própria pessoa e minha família. Depois seguiram-se o emprego e a carreira. Hoje sinto-me, pelo menos, corresponsável por um círculo ainda maior: pela nossa comunidade, nosso país e a terra em que vivemos. Além disso, surge uma responsabilidade ainda maior ou até a maior responsabilidade que uma pessoa pode perceber: perante Deus, ou seja, uma força superior.

Hoje busco fazer tudo o que está ao meu alcance para recuperar o tempo perdido. Sou profundamente grato a todos os que, antes de mim, reconheceram a necessidade de uma nova visão e de um agir decidido. Também àqueles que hoje, dia a dia, ouvem o seu próprio chamado para despertar e assumem responsabilidade pela comunidade e pelo ambiente. Todos somos desafiados, pois apenas coletivamente podemos restabelecer o equilíbrio natural e evolutivo entre o ser humano e a natureza.

Assim como existiu o Muro de Berlim, que muitos de nós vivenciaram e que enfim caiu, ainda existem muros em nosso interior que impedem a consciência global e a responsabilidade global pelo nosso planeta e que se deve e se pode remover do caminho. Há muros de preconceitos, falta de visão, discriminação regional e obstinação mental. Nesse sentido, a responsabilidade global inicia com a consciência. Ela começa com o reconhecimento de si mesmo como um cidadão do mundo que habita o espaço vital comum e está ameaçado junto com outros. O temor de uma responsabilidade maior é amplamente disseminado – seja qual for o motivo. Mas, no decorrer da história, muitos muros erguidos pelas pessoas também foram derrubados: a escravidão, o *apartheid* e o Muro de Berlim caíram. Devemos tentar derrubar também os muros em nós mesmos.

É uma falácia dizer que assumir responsabilidade global é uma tarefa hercúlea quase insolúvel. Essa visão corresponde à do primeiro jardineiro, que se vê exortado a cuidar ininterruptamente e o dia inteiro de seu jardim. Por trás da concepção de que uma responsabilidade tão grande não pode ser assumida, está a consciência de que responsabilidade sempre significa um mais e nunca um menos.

No entanto, temos de resolver essa enorme tarefa – é a mensagem do documentário cinematográfico *Uma verdade inconveniente*, de Al Gore. O filme contém, entretanto, mais uma outra descoberta importante: Uma mudança do pensamento pessoal é necessária e possível. Num momento de revelação pessoal, o antigo vice-presidente dos Estados Unidos conta no filme que sua família vivia do tradicional cultivo de tabaco em Carthage, no Tennessee. Ele conta que sua irmã adoeceu de câncer no pulmão e em seguida faleceu em consequência dele. Al Gore, que amava muito sua irmã, descreve o desespero da família após a morte dela. O mais trágico era o reconhecimento de que todos os integrantes da família num certo sentido haviam contribuído ou até causado o câncer no pulmão: Sem o cultivo e a venda de tabaco, a irmã de Al Gore não teria sido exposta aos efeitos danosos da planta. Depois que a família reconheceu a trágica ironia de sua situação, acabou com o cultivo de tabaco, embora ele houvesse se tornado a sua principal fonte de renda.

Essa confissão mostra o profundo significado do filme: A mudança pessoal é possível – e sem ela não haverá uma solução para os grandes problemas. No filme consta a implicação: Se eu posso, nós também podemos. Dito de outra forma: Ao acabar com o cultivo de tabaco, Al Gore com sua família agiu de modo correspondente ao terceiro jardineiro em nossa parábola. Também nós podemos mudar alguma coisa. A confissão de Al Gore mostra também: Uma mudança pessoal de grande alcance deve preceder à mudança global. O fim é o princípio.

Uma grande parte de nossa responsabilidade não consiste em carregar um peso insuportável, mas antes em se livrar de uma carga prejudicial. Não se trata de sustentar os sempre mais pesados pesos das tarefas multinacionais, mas de eliminar as causas dos problemas.

Responsabilidade pode também conter satisfação e alegria. Por isso, sempre a saudei e nunca a evitei. Muitas vezes, a responsabilidade nos leva a novas aventuras em que se encontram pessoas maravilhosas e íntegras que igualmente dão sua contribuição e querem mudar alguma coisa. Na minha vida, mais responsabilidade significou mais viagens e cultura, amizades e momentos grandiosos no esporte em vez de uma vida cheia de trabalho penoso e maçante. Isso também é uma grande felicidade! É como se, no momento em que parei de trabalhar contra a natureza e decidi me tornar um amigo da vida, minha vida me recompensasse por isso.

Se uma nova era da sustentabilidade global deve mostrar um efeito real, devemos escrever uma palavra sob o velho capítulo de nossa própria falta de responsabilidade.

Jochen Zeitz

Monge e executivo em diálogo

♦ ♦ ♦

ANSELM GRÜN • Na nossa atividade econômica concreta, repetidamente somos confrontados com a questão do valor que atribuímos à proteção da natureza. Muitas vezes, isso começa com as pequenas coisas, por exemplo, com as árvores que se encontram num pátio ou nos arredores da casa. Quando reformamos uma construção, é claro que, muitas vezes, é mais prático cortar as árvores que estão próximas, para dispor de mais espaço para as máquinas e poder trabalhar melhor. No entanto, muitas vezes decidimos conscientemente deixar as árvores em pé, sobretudo quando são antigas árvores em bom estado. A diretora de uma instituição para doentes mentais, instalada numa antiga casa de campo, me contou que, na restauração, conscientemente manteve o antigo acervo de árvores. Mas isso acarretou que tivessem de arcar com os custos de um grande guindaste capaz de transportar os banheiros equipados sobre as antigas árvores para dentro da construção.

Outro exemplo: No mosteiro, operamos uma turbina a água com que obtemos cerca de 7% de nossa energia elétrica. Para que a turbina funcione, frequentemente temos de limpar e cuidar do córrego. Esses custos não dão lucro do ponto de vista do ganho de energia. Mas preferimos assumi-los, porque, desse modo, mantemos e cuidamos da natureza. A beleza da natureza e do córrego com sua alameda como espaço vital para muitos pássaros canoros valem os custos. Justamente em vista da natureza, nem todas as decisões devem ser tomadas apenas da perspectiva monetária. Entretanto, é inteiramente sensato calcular os custos da conservação da natureza, para que possamos nos decidir conscientemente por ela.

JOCHEN ZEITZ • A economia tem três aspectos fundamentais a serem considerados: O que ela toma, o que produz e o que desperdiça. Todos os três estão estreitamente inter-relacionados: 1) As empresas retiram do ambiente de maneira excessiva e prejudicial. 2) A fabricação de produtos implica energia, substâncias tóxicas e poluentes em quantidade exagerada. 3) Os métodos de produção e os próprios produtos geram, logo que desempacotados e utilizados, quantidades extraordinárias de lixo e prejudicam, assim, as gerações atuais e futuras.

Permita-me citar nesse contexto o *designer* Buckminster Fuller: "Se o sucesso ou a destruição desse planeta e da humanidade dependesse de como eu sou e do que eu faço, como então eu seria? O que eu faria?" Para as empresas, isso significa modificar, de modo consequente e responsável, os métodos tradicionais e promover uma reorientação rumo a uma atividade econômica sustentável. Na Puma, a sustentabilidade, portanto, como já mencionamos, hoje está firmemente ancorada em nossa visão, missão e posicionamento, isto é, em nosso enfoque da empresa e das marcas. Isso leva em conta um aumento do *schareholder value* sustentável e, desse modo, um crescimento sustentável. O que necessariamente também inclui investimentos.

ANSELM GRÜN • Seria a tarefa do futuro desenvolver tecnologias que têm como objetivo, quanto ao seu enfoque, o cuidado com o ambiente. Porém, à tecnologia pertence sempre também a postura interior correta, para que inclusive a utilizemos de maneira benéfica. A técnica mais apropriada à proteção ambiental não ajuda quando o ser humano está marcado por atitudes temerosas e, assim, a emprega como instrumento de controle em vez de auxílio. Se a técnica virá a ser bênção ou não, sempre depende da sua utilização. Tomemos como exemplo o computador: Por meio da escrita de e-mails, economizamos muito papel c assim contribuímos para o cuidado do ambiente. Mas essa vantagem se perderá se utilizarmos os e-mails como instrumento de dominação, se bombardearmos continuamente nossos funcionários com notícias e pedirmos uma resposta imediata deles. Conheço funcionários que gastam uma grande parte de seu tempo respondendo mensagens insensatas de seus chefes, somente para que estes tenham o sentimento de ter tudo sob controle.

A vantagem da técnica se desfaz quando o medo determina nossa atividade econômica. Nesse caso, precisamos atas para tudo. E as atas devem ser formuladas por escrito, impressas em papel e documentadas nos arquivos. O medo não só consome muita energia, mas, no final das contas, prejudica também o ambiente. A natureza é marcada pela confiança: As plantas crescem espontaneamente. Às vezes, acreditamos que todas as ações das pessoas devem ser controladas e documentadas. No entanto, dessa maneira, apenas inibimos o crescimento saudável e natural e desperdiçamos energia.

JOCHEN ZEITZ • Controle limita a responsabilidade de qualquer indivíduo, mas como seres humanos não podemos renunciar completamente a ele. No trabalho e na vida inteira, todas as pessoas podem e devem ter liberdade suficiente para assumir responsabilidade. Todo ser humano precisa ter responsabilidade, pois, se não a tiver, perderá o interesse e a alegria em sua atividade. Dizemos: A pessoa assume responsabilidade. Penso que quando sentimos estar em condições de assumir mais responsabilidade, encontramos os meios e caminhos para assumir essa responsabilidade.

ANSELM GRÜN • Como executivo deve-se também conceder essa responsabilidade aos funcionários. Isso nem sempre é tão fácil. Meu ponto forte é a confiança nos funcionários. Mas cada ponto forte tem sua debilidade. A minha é que, às vezes, acompanho e supervisiono muito pouco o andamento de um bocado de coisas. No entanto, nos 34 anos em que fui ecônomo monástico aprendi a empregar meus talentos e a reconhecer minhas fraquezas, trabalhando nelas de modo a não comprometerem meu agir. Às vezes, seleciono funcionários que sabem melhor aquilo que eu não sei tão bem. Dessa maneira, minhas fraquezas não atrapalham o trabalho na comunidade.

Assumir responsabilidade significa, inclusive, assumir responsabilidade pelas próprias fraquezas. Já na infância, sempre tive novas ideias que busquei realizar sozinho ou com minhas irmãs. No entanto, quase não enfrentei resistências. Facilmente conseguia motivar minhas irmãs; elas gostavam de participar daquilo que eu propunha. Desta experiência resultam meus pontos fortes e fracos. Meu ponto forte é que eu trabalho rápida e efetivamente e muitas vezes tenho novas ideias para testar algo. Meu ponto fraco é que tenho dificuldades de enfrentar conflitos e impor algo frente à resistência dos funcionários e irmãos. Entrementes, aprendi, na verdade, a lidar melhor com os conflitos e, inclusive, a lutar pelo que é importante para mim, mas também percebo em mim a tendência de evitar situações desagradáveis, talvez de esperar passivamente que essas situações se resolvam por si mesmas, como se acusou a Helmut Kohl.

JOCHEN ZEITZ • Entrementes, aprendi a aceitar o fato de que, como ser humano, tenho fraquezas com as quais devo viver. Durante muito tempo eu tive fraquezas que estavam tão profundamente enterradas em mim, que conseguia funcionar e trabalhar sem tomar conhecimento delas. Daí aprendi – e continuo a aprender – a ficar atento e a identificar as minhas fraquezas. Ao torná-las conscientes para mim, elas se proliferam com mais dificuldade, ou seja, não continuam a vicejar de maneira oculta, frustrando minhas intenções e planos.

No ano passado [2010] solicitei a um auditor independente uma avaliação do meu desempenho, aferido no desempenho de meus e minhas colegas. Dessa maneira, eu quis assegurar que ficaria ciente de todas as fraquezas que talvez ainda estivessem ocultas ao meu olhar. Como aconselha a antiga prece pela serenidade, procuro "mudar as coisas que posso mudar, e aceitar as coisas que não podem ser mudadas". Por exemplo, em minha carreira, aspirei tanto à perfeição e sempre mais à responsabilidade que, às vezes, esqueci de estar satisfeito ou agradecido pelo sucesso obtido. No instante em que eu havia alcançado um objetivo, já procurava uma nuvem escura no horizonte e me perguntava qual seria a próxima coisa que poderia dar errado! Hoje reconheço que, por causa de minha aspiração ao sucesso com sua parcela sempre maior de responsabilidade, às vezes dificultei as coisas para as pessoas ao meu redor.

ANSELM GRÜN • Percebo, por exemplo, que sou dependente dos estados de espírito ao meu redor e, por isso, às vezes permito que meu humor se anuvie de fora. Nesse caso, para mim é um desafio espiritual meditar-me para dentro desses sentimentos negativos, enviar a respiração para dentro desse aborrecimento, para que ela o purifique. Ou rezo a oração de Jesus para dentro desses sentimentos negativos. É minha responsabilidade o tipo de atmosfera que dissemino ao meu redor. Nesse caso, não gostaria de estabelecer um ideal elevado que, no entanto, jamais alcançarei.

São Bento convida o ecônomo a, permanentemente, prestar atenção à sua alma. A alma mostra-me muitas vezes também meus sentimentos negativos. Ninguém pode ignorá-los. Mas prestar atenção à alma significa justamente também encarar esses sentimentos negativos e purificá-los pela meditação. Se esse passo não der certo, devo me distanciar desses sentimentos pelo menos durante o período do trabalho. Se não puder resolvê-los nesse momento, digo para mim: Agora não levo esses sentimentos junto para as reuniões. Deixo-os fora. Depois, dedico tempo para examiná-los e resolvê-los. Assim surge uma atmosfera em que algo pode crescer e florescer. Do contrário, a "nuvem de cinzas" de meus sentimentos não resolvidos cobrirá todo o departamento e contaminará tudo.

12
Consciência

O TERMO CONSCIÊNCIA SIGNIFICA, na verdade, que me dou conta do ser. Karl Marx inverteu essa experiência na famosa sentença: "O ser determina a consciência". Como monges vemos isso de outra forma a partir de nossa tradição: Mudamos o ser por meio de nossa consciência. Há muito tempo, se impôs na ordem a convicção de que ler a Bíblia determina a visão das coisas. E quando *vemos* as coisas de modo diferente, elas também *se tornam* diferentes para nós. Nossa consciência, que se desenvolve no contato com a Bíblia, pela oração e pela meditação, muda o mundo.

O filósofo judeu Martin Buber nos transmitiu histórias chassídicas maravilhosas. Elas tratam de rabinos piedosos que frequentemente apresentaram seu ensinamento de maneira divertida. O Rabino Chanoch, por exemplo, conta a seguinte história: "Era uma vez um tolo, que se chamava Golem, de tão tolo que era. Pela manhã, ao levantar, ele sempre tinha tanta dificuldade em encontrar suas roupas que, ao anoitecer, pensando nisso, muitas vezes ficava apreensivo ao ir dormir. Uma noite, enfim, tomou coragem, pegou papel e lápis e, ao se despir, anotou onde colocava cada peça. De manhã, pegou confiante o papel e leu: O boné – aqui estava, e o colocou. A calça – ali estava, e a trajou, e assim por diante, até que vestiu tudo. 'Sim mas, onde é que estou eu?', perguntou-se totalmente aflito. 'Onde é que eu fiquei?' Em vão ele procurou e procurou; ele não conseguiu se encontrar. Assim acontece conosco".

O que o rabino judeu conta se aplica a muitas pessoas. Elas sabem o que vestem, como devem se comportar exteriormente, como podem trabalhar e se apresentar diante dos outros. Mas quem elas mesmas são, isso elas não sabem. Não estão conscientes de seu si-mesmo, não têm consciência de si mesmas. E assim elas tampouco vivem conscientes no mundo. Não percebem realmente nem a si mesmas nem os outros, tampouco o mundo. Simplesmente vegetam.

Inclusive muitos executivos se perdem de tal modo em seu negócio cotidiano que nem sabem mais quem eles mesmos verdadeiramente são. Quando não se percebem, tampouco percebem seus funcionários em sua singularidade. Eles os consideram apenas *human capital*, capital humano ou um dente na engrenagem, mas não em sua particularidade como ser humano. Porque eles não estão em relação consigo mesmos, tampouco podem construir uma relação com os outros ou estabelecer uma relação na empresa. Pois quem não tem consciência de seu si-mesmo, tampouco entrará em contato com aquilo que realmente distingue os outros.

Para a psicologia moderna é uma tarefa urgente que as pessoas tenham consciência de seu si-mesmo. Os dois principais psicólogos do início do século XX, Sigmund Freud e C.G. Jung, nos ensinaram, de maneiras distintas, a moldar a nossa consciência. Sigmund Freud vê como pressuposto para nosso tornar-se consciente que contemos com o inconsciente em nós. Em nosso inconsciente repousam desejos e necessidades reprimidas. Freud defende que muitas pessoas são guiadas pelo inconsciente, sem que o percebam. Elas acreditam tomar decisões conscientes, quando na realidade são controladas pelo seu inconsciente. Desse modo, segundo Freud, a principal tarefa do ser humano é examinar seu inconsciente. O que era inconsciente deve se tornar consciente. Se essa tarefa não for cumprida, projetaremos nos outros nossos desejos inconscientes e nossas necessidades reprimidas, e quanto mais inconscientes formos, maior será a projeção. O inconsciente escurece o óculos com que olhamos as outras pessoas. Vemos nelas apenas aquilo que queremos ver, mas não as reconhecemos como realmente são.

C.G. Jung tem uma outra compreensão do inconsciente. Ele o chama de uma fonte de criatividade, de força, de vitalidade. Se o ser humano viver apenas conscientemente, viverá unilateralmente. E quem vive somente a partir do lado consciente de sua alma, esgota-se rapidamente. Por conseguinte, também devemos entrar em contato com nosso inconsciente. Jung fala do inconsciente coletivo em que está armazenado o, por assim dizer, acervo da experiência da humanidade. O ser humano obtém acesso a esse inconsciente coletivo por meio da meditação e de todos os outros exercícios que as religiões desenvolveram desde tempos imemoriais para chegar ao espaço interior da alma. Quem está em contato com o inconsciente trabalha de modo mais criativo. Tomará suas decisões em vista de um horizonte mais amplo.

Segundo C.G. Jung, porém, no inconsciente se encontram também os lados sombrios do ser humano. Segundo ele, a sombra não é, contudo, algo negativo. Antes, na sua estrutura fundamental, o ser humano está cheio de opostos: Conhece em si amor e agressão, intelecto e sentimento, disciplina e indisciplina, alegria e tristeza, confiança e medo, partes masculinas e femininas. Se um ser humano viver apenas um desses polos, o polo oposto ficará na sombra. Enquanto o polo reprimido permanecer na sombra, terá um efeito destrutivo sobre o ser humano. Somente se a sombra for admitida, ela poderá desenvolver seu efeito positivo.

Um exemplo: Quem vive unilateralmente seu intelecto, muitas vezes é inundado pelo seu sentimentalismo, é completamente dominado pelos seus sentimentos. Embora ele queira viver, portanto, de modo puramente racional, torna-se inteiramente irracional e toma decisões que nada mais têm a ver com a realidade. Um outro exemplo: Quem é amigável, sempre e com todos, nem percebe que em sua amabilidade consciente se expressam agressões inconscientes. Também com uma fachada amigável pode-se ser muito amargo e ofensivo. C.G. Jung considera que os homens que não integram o seu lado feminino (a assim chamada *anima*) muitas vezes serão determinados pelo seu impulso. E as mulheres que reprimem o seu lado masculino (o assim chamado *animus*) se aferram à esperteza.

Os executivos gostam de passar uma impressão exterior correta e tranquila. É o que os leva a reprimir seus lados sombrios. Eles gastam muita energia para manter trancado aquilo que não gostariam de admitir em si mesmos. Uma mulher me disse, por exemplo, que não poderia ficar em silêncio, porque então um vulcão explodia nela. Quem vive com uma imagem destas, gasta muita energia para manter "a tampa sobre o vulcão". Essa energia lhe falta então no trabalho. E vive sempre com medo que a tranca não resista e o vulcão em algum momento irrompa. Viver conscientemente significa se dar conta de seus lados sombrios. O que, porém, não significa viver plenamente seus lados sombrios. Antes, eles devem ser integrados ao projeto de vida anterior.

Quando um superior existe unilateralmente apenas para os seus funcionários e quer o melhor para eles, muitas vezes ele cai no oposto logo que, a seu ver, for decepcionado por eles. Ele extravasa neles as suas agressões e a sua inimizade, porque lhes atribui a culpa pela sua decepção. Importante é que ele integre as agressões em sua relação amigável com os funcionários. Agressões querem regular a relação entre proximidade e distância. Quando estou agressivo, é sinal que não protegi bem meus limites, que os outros passaram meus limites. Em mim surge então uma "confusão emocional", porque os limites se diluem e tudo fica confuso. Nesse caso, fala-se de "personalidades confluentes": Elas não conseguem mais diferenciar seus sentimentos dos de seu meio, isto é, não conseguem mais criar clareza.

Consciência significa, portanto, em primeira linha, se dar conta de seu si-mesmo, conhecer-se e aceitar-se com seus lados luminosos e seus lados sombrios. Às vezes, a autoconsciência é compreendida, porém, num outro sentido. Dizemos que uma pessoa se mostra autoconsciente ou autoconfiante quando supostamente sabe que pode fazer alguma coisa e demonstra exteriormente uma grande segurança. No entanto, por trás dessa autoconsciência muitas vezes se encontra uma pessoa que não é consciente de seu si-mesmo, que não conhece a si mesma, mas só se apresenta exteriormente dessa maneira. É o contrário do sentido de autoconsciência. Os gregos falam de *syneidesis* e os latinos de *conscientia*. Esses conceitos significam um saber com, um ver com. Na filosofia estoica e, mais tarde, na tradição cristã, surgiu daí o conceito de consciência. De fato, com ele se quer dizer que eu não apenas sei alguma coisa, mas que estou consciente de saber alguma coisa, que é um saber com, um saber consciente. A consciência é a norma máxima para as decisões da pessoa, ela está inclusive acima das leis socialmente preestabelecidas. No entanto, uma consciência primeiro deve se formar. É nossa tarefa depurar nossa consciência dos humores e das necessidades próprias e das exigências de nosso assim chamado "sobre-Eu".

Quem está consciente de seu si-mesmo, quem integrou seus lados sombrios, pode trabalhar para a bênção de uma empresa. Se esse, porém, não for o caso, a própria empresa poderá ser obscurecida pelos lados sombrios. O que se aplica ao indivíduo, aplica-se ao grupo. Há, por exemplo, empresas que passam uma impressão bastante idealista sobre o que querem e planejam alcançar. Mas também elas têm seus lados sombrios: Uma empresa assumiu a defesa da ecologia, mas sua relação sensível com a natureza não se espelha em sua relação com as pessoas na empresa. Em vez disso, os funcionários muitas vezes são explorados. Uma outra empresa que insiste nos valores cristãos nem sequer percebe quão pouco cristã se tornou a sua linguagem, quão severo é, muitas vezes, o seu juízo sobre os funcionários e quanta autoridade e pressão ela exerce por meio da sua insistência moralista nos valores cristãos. Também às empresas se aplica: Onde há luz, ali também há sombras. Isto significa: Onde há idealismo e filosofia empresarial, que quase beiram a ideologias, certamente também há lados sombrios, dos quais a empresa não está consciente.

Os lados sombrios podem ser percebidos na forma com que a empresa fala das outras firmas. E sempre se pode presumi-los onde uma empresa se apresenta exteriormente de maneira pretensiosa, defende grandes ideais, faz discursos grandiloquentes. Um convento deu um bom exemplo disso. Para a comunidade ele anunciou o princípio: "Somos uma casa do amor". Isso soa maravilhoso. Um empregado desse convento, porém, me contou: "Desde que somos uma casa do amor, está cada vez mais frio entre nós". Não gostaria de citar nenhuma empresa pelo nome, pois nesse caso sempre corro o risco de julgar os outros. Antes gostaria de aguçar a consciência dos responsáveis para ver atentamente se por trás de grandiosos princípios não se escondem também lados sombrios. Uma empresa que sempre quer ser a melhor também comete erros. O perigo é não admitir esses erros e somente projetá-los nos outros. Ao xingar os outros, busca-se desviar a atenção sobre as próprias fraquezas.

Em relação à sua ordem, Bento estabelece seus mosteiros sobre a *stabilitas*, o permanecer no mesmo lugar. A força dessa ideia reside no fato de que o mosteiro trabalha de modo sustentável, porque conserva e cultiva seu ambiente. Pois as pessoas que, elas mesmas, pretendem continuar a morar nesse lugar, têm um interesse próprio em configurar seu meio de modo benéfico e belo, e isso durante anos. O lado sombrio dessa ideia é, no entanto, a imobilidade e, às vezes, a comodidade a que alguns mosteiros se apegam. As ordens dos mendicantes são essencialmente mais móveis. Muitas vezes, estão mais próximas das pessoas. Mas também, por trás do ideal da pobreza, com frequência se escondem necessidades que não são admitidas, mas, apesar disso, são vividas.

Toda empresa tem seus lados sombrios. Por conseguinte, não apenas o indivíduo, mas também uma empresa precisa da virtude beneditina da humildade para se tornar consciente desses lados sombrios. C.G. Jung reivindica que as sombras devem ser integradas à personalidade. Hoje falamos mais modestamente em aceitação das sombras e preferimos ser mais cautelosos em relação à integração das sombras. Já é uma grande conquista quando uma empresa se torna consciente das suas sombras e as aceita. Então ela se comportará de maneira mais sincera e modesta também na relação com as outras empresas. Quanto mais consciente for a maneira dela lidar com seus lados sombrios, tanto mais claras tornar-se-ão também as relações entre os funcionários e tanto menos sombras ocultar-se-ão na filosofia empresarial propagada. Não me cabe mencionar os lados sombrios da empresa Puma, pois para isso a conheço muito pouco. Mas não importa que filosofia empresarial se propaga. Certamente faz sentido indagar também pelos seus lados sombrios. Então também a filosofia empresarial fica mais realista e clara. Quando modelos se tornam muito idealistas, presumo, por trás deles, sempre fortes lados sombrios.

Consciência tem, contudo, ainda um outro significado. Hoje se fala de uma consciência ecológica e social, de uma consciência para o sentimento de identidade de todas as pessoas e de uma consciência holística. Consciência deriva de conhecimento. Segundo o *Dicionário Duden*, significa o "conhecimento claro de algo, estado de clareza mental, totalidade dos processos psíquicos por meio dos quais o ser humano se dá conta do mundo exterior e do seu si-mesmo". É também a tarefa dos dirigentes cooperar para a consciência da empresa, abrir os olhos dos funcionários, para que eles percebam o mundo como ele é. Trata-se de ver com clareza mental a situação do mundo e se dar conta de como podemos reagir a ela de maneira adequada. Hoje os executivos têm a responsabilidade de despertar nos funcionários uma consciência para o perigo da mudança do clima e de suas consequências para a humanidade. Muitos preferem enfiar a cabeça na areia. Eles não querem perceber para onde isso nos leva: Não só o clima mudará. A natureza está em desequilíbrio. Muitas regiões desaparecerão. Quando o nível do mar subir, algumas ilhas irão submergir e algumas regiões costeiras serão inundadas.

Desse modo, é nossa tarefa apresentar a real situação do mundo e criar em nossos semelhantes o senso para a conexão entre os acontecimentos no cenário mundial. Temos a obrigação de criar em nossos funcionários a consciência de sua responsabilidade pelo mundo inteiro. Se nós estabelecermos nas empresas uma nova consciência de sustentabilidade, então a sentença de Karl Marx será invertida: Não é o ser que determina a consciência, mas é a consciência que transforma o ser. Quanto mais nítida for a consciência para a sustentabilidade e para o agir eticamente correto no mundo, mais intensamente poderemos mudar a realidade.

Anselm Grün

Monge e executivo em diálogo

♦ ♦ ♦

JOCHEN ZEITZ ♦ Assim como um monge, também um executivo deve ampliar permanentemente a sua consciência e ajudar a sua equipe a fazer o mesmo. Nesse caso, a consciência para questões empresariais é tão importante quanto a consciência para áreas pessoais que afetam e influenciam a empresa.

No que diz respeito à consciência da realidade e à apresentação dessa realidade à opinião pública, há, entretanto, certas dificuldades. Aliás, gostaria de tecer um comentário sobre esse aspecto. Considero, por exemplo, quase impossível que um executivo responsável por uma empresa apresente, possa apresentar, ou seja, deva apresentar, de forma completamente realista, a respectiva situação em que a empresa se encontra naquele momento. Numa sociedade anônima, ele pode ter grandes problemas se mencionar abertamente certas fragilidades. Para isso há diversos motivos. Antes de tudo, todos esperam apenas histórias de sucesso. No entanto, a imprensa pode, publicamente, dar a uma informação confidencial um tom sensacionalista, e não raramente ela o faz, quando essa informação confidencial mostra-se um malogro. Além disso, a competição é dura, e a concorrência pode tirar proveito das confissões de uma empresa. Algumas fraquezas que se admite como empresa podem levar à migração de clientes e à crítica, quando os canais falsos e destrutivos esmiúçam essas fraquezas de maneira polêmica e desleal. Nossa sociedade está montada de tal modo que as instituições que estão em concorrência umas com as outras não podem falar pronta e abertamente dos seus defeitos. Para isso, em nossa cultura simplesmente se parte muito rapidamente para acusações, condenações e intrigas.

ANSELM GRÜN • Tampouco acho que uma empresa deva apresentar seus lados sombrios para a opinião pública. Antes, trata-se de conhecermos nossos lados sombrios. Nesse caso, nossa autoapresentação se torna mais realista. Naturalmente, iremos apresentar nossos pontos fortes, mas numa linguagem que não exagera, mas permanece modesta. Sempre sou cético quando alguém exagera as coisas. É o que acontece com pregadores espirituais, representantes de empresas e em conferências sobre novos modelos de administração. Quando tudo parece perfeito, isso sempre significa para mim que os lados sombrios são omitidos.

Como mosteiro certamente temos a vantagem de, em geral, não estarmos tão intensamente pressionados pela opinião pública e, economicamente, não termos uma concorrência tão dura. Por conseguinte, tampouco temos de nos apresentar exteriormente de modo idealizado, para atrair sobre nós toda a atenção. A desvantagem é, porém, descansarmos sobre as glórias do passado. Somos sobrecarregados quando se revela um escândalo em nosso meio, como o atual escândalo dos abusos sexuais, e certamente não somos tão inovadores como muitas empresas modernas. Por outro lado, devemos ficar contentes com o fato de não estarmos sob tanta pressão, mas podermos continuar a trabalhar. No entanto, às vezes ficamos para trás e não nos esforçamos o suficiente.

Examinemos o lado econômico: Temos um conselho econômico que reflete sobre o futuro do nosso mosteiro. Porém, uma vez que não temos uma pressão de custos tão grande como muitas empresas, corremos o risco de continuar a tocar nossa atividade econômica da mesma forma como até agora, sem refletirmos de maneira renovada se também no futuro poderemos nos sustentar como empresa. O conselho econômico tem consciência de que a abadia deve se preparar para sobreviver sem a renda de meus livros e de minhas conferências. No entanto, uma vez que, no momento, estamos bem, os irmãos não sentem a pressão de lançar hoje as bases de uma atividade econômica futura que garanta a continuidade do mosteiro e dos seus projetos. Muitas vezes, a vantagem de podermos refletir com toda a calma é anulada, portanto, pela desvantagem de não procedermos de modo suficientemente consequente ao verificarmos nossa atividade econômica e trilharmos novos caminhos.

JOCHEN ZEITZ • Um diretor de empresa deve agir rapidamente e se examinar permanentemente. No mundo dos negócios, o que está em jogo é a sobrevivência dos mais fortes. Assim como a evolução natural prevê que somente sobrevivem aqueles que melhor se adaptam, assim desaparecem as empresas que não acompanham o desenvolvimento, que não podem se adaptar às novas circunstâncias, ou seja, não se desenvolvem.

A natureza não precisou de um "árbitro" – até o momento em que a espécie humana entrou no jogo. Com o conhecimento atual podemos e devemos definir regras melhores para a economia, que nos adaptem às regras da natureza, ao novo conhecimento que adquirimos a respeito dela, e à sociedade, de modo que o "árbitro" possa agir e intervir de maneira correspondente. Àqueles que não quiserem se ater às novas regras do jogo, depois de receberem uma advertência, deve-se mostrar primeiro o cartão amarelo e depois o vermelho. Afinal de contas, as empresas de sucesso no futuro não serão apenas as empresas novas, inovadoras e rápidas, mas também as que conseguirem reinventar a si mesmas reconhecendo e aceitando as realidades compatíveis com o novo paradigma ecológico e social. Entre essas empresas se encontram as que têm a coragem e a intuição de começar um novo jogo. Desenvolver-se ou soçobrar – não é isso também uma parte da teoria da evolução?

ANSELM GRÜN • É claro que é. Mas a questão é a rapidez com que tudo deve andar. Muitas empresas desperdiçam muita energia reestruturando-se permanentemente. Mas, mesmo assim, elas não se desenvolvem realmente. Elas querem demonstrar exteriormente sua vitalidade, no entanto realizam as mudanças não a partir de uma paz interior e de uma intuição ou de uma visão sábia, mas com irrefletida agitação e precipitação. Agitação é, porém, uma excitação que, no fundo, indica doença e não desenvolvimento sadio. Toda empresa – também um mosteiro – deve se modificar. Mas depende sempre da velocidade. Também aqui podemos aprender da natureza, que cresce e se modifica permanentemente, mas justamente na velocidade que corresponde à sua essência. Quando consideramos essa situação de concorrência, entre os mosteiros há, quando muito, uma competição relacionada ao número de ingressos de novos monges, mas dificilmente uma competição econômica. Os diversos mosteiros não abastecem o mesmo mercado, e mesmo suas escolas não estão em concorrência umas com as outras, porque têm zonas de influência delimitadas regionalmente.

Por outro lado, nas nossas atividades econômicas, como gráfica, editora e livraria, padaria e açougue, competimos com outras gráficas, editoras, livrarias... Neste caso, temos de estar atualizados, ser técnica e economicamente inovadores, e descobrir os nichos que podemos abastecer. Se não tomarmos cuidado nesse ponto, as empresas se arruínam, e, dessa maneira, a sobrevivência financeira do nosso mosteiro seria posta em questão.

No próprio mosteiro também competimos: é uma competição espiritual. Somente os mosteiros que vivenciam uma espiritualidade viva serão atraentes para os jovens a longo prazo. Portanto, a questão sempre é saber se avançamos espiritualmente pelo caminho ou ficamos parados e se podemos dar uma resposta adequada às pessoas de hoje. Entre os mosteiros, não tentaremos atrair as pessoas reciprocamente. Mas a impressão que um mosteiro transmite exteriormente decidirá se os jovens pretendem ingressar nele ou não. Com isso está associada para nós uma questão existencial, a saber, se um mosteiro pode continuar a existir a longo prazo, se há um número suficiente de homens jovens que pretendem ingressar nele e continuá-lo de maneira benéfica. Nesse caso, precisamos não só de seguidores, mas de irmãos que assumem responsabilidade e são capazes de administrar.

JOCHEN ZEITZ • Nas empresas certamente não há uma competição espiritual, tampouco um assim chamado despertar espiritual. Assim, tampouco uma empresa ou um executivo tentarão aspirar a uma competição espiritual. Afinal, é tarefa de cada indivíduo lidar com sua própria espiritualidade e com as convicções correspondentes em sua esfera privada. Além disso, poderia acontecer que os funcionários que já têm sua própria fé se sintam discriminados em suas convicções.

As empresas devem mostrar tolerância e liberdade nas questões da espiritualidade e da religião, e, num mundo secular, os executivos não deveriam prescrever nenhuma religião no universo empresarial, nem vivenciá-la de maneira demasiadamente enfática. Com isso eu não tento negar a influência positiva de uma presença espiritual. As pessoas espiritualmente orientadas, quando ao mesmo tempo são profissionais e capazes em seu ofício, podem perfeitamente assumir posições mais elevadas na empresa, sem jamais precisarem pregar sua fé. Elas podem criar uma atmosfera positiva, equilibrada, inspiradora e, às vezes, até terapêutica na empresa.

Além disso, toda empresa tem seu espírito próprio e específico. Ainda que, no interior de uma empresa, não se empregue uma terminologia religiosa, existe, mesmo assim, um espírito invisível ou uma atitude espiritual invisível, o qual ou a qual impulsiona uma empresa de sucesso da mesma maneira que também um mosteiro utiliza muitas práticas negociais visíveis para poder permanecer economicamente autárquico.

ANSELM GRÜN • Certamente os executivos deveriam ser cautelosos em favorecer uma religião numa empresa multicultural. Mas, em geral, a empresa deveria ter um sentido para religião. Pois a religião – não importa a denominação – tem a tarefa de ampliar a consciência das pessoas, de abrir o horizonte do pensamento na direção de Deus. Se a religião mantiver aberto o céu sobre o ser humano, ela dará uma contribuição importante para a humanização da sociedade humana. Pois a sociedade – como também qualquer empresa – tem em si uma tendência totalitária. Ela pretende o domínio total do ser humano, pretende julgá-lo unicamente segundo pontos de vista econômicos. Toda sua atividade é avaliada com base em categorias financeiras. Isso não faz bem às pessoas. A religião protege o sagrado no ser humano. O sagrado é subtraído ao domínio do mundo. Em toda pessoa existe um espaço sagrado, sobre o qual o mundo não tem poder. Ali o ser humano pode respirar, sua alma obtém asas. E somente uma alma inspirada também pode inspirar outras pessoas. Sem as asas da alma, uma empresa perde a motivação. Ela ainda funciona, mas não se eleva mais nos ares, para considerar tudo numa outra luz, a partir de cima.

Inclusive um outro aspecto é importante para mim: Quando me retiro do trabalho para a meditação e para a oração, fico mais criativo. Muitas vezes, durante a meditação me ocorrem as melhores ideias. No momento em que abandono a fixação no trabalho e em seus problemas, meu pensamento se amplia, e novas ideias emergem em mim. Na meditação entro em contato com a fonte interior do

Espírito Santo. E isso é sempre também uma fonte inspiradora que me concede novas ideias. Desse modo, justamente o ato de tomar distância do trabalho e imergir na própria alma em oração e meditação têm um efeito inspirador e motivador sobre o trabalho.

JOCHEN ZEITZ • Há muitos caminhos diferentes, com ou sem uma fé direta em Deus, para ampliar a consciência, distanciar-se e deixar-se inspirar. Eu mesmo cresci com duas irmãs mais velhas numa casa paterna tradicionalmente evangélica, engajada e liberal. Como criança e jovem, a fé em Deus foi para mim um componente fixo da minha vida. Durante meus estudos superiores e até há alguns anos, a fé, entretanto, quase não tinha mais importância em minha consciência. Apenas há poucos anos, pelo meu interesse pela psicologia e pela filosofia e, mais tarde, pelo meu encontro com o senhor, Padre Anselm, bem como pela minha permanência de quase uma semana em Münsterschwarzach, novamente tive um contato maior com a religião cristã. Desde essa época, minha espiritualidade se desenvolve mais intensamente e também minha fé na força maior, superior, bem como minha expectativa pessoal na minha vida como parte do todo. Hoje me sinto, de alguma maneira, ligado a todas as religiões mundiais, ou seja, próximo delas e creio na raiz comum de todas elas.

Como já disse, gosto particularmente da maneira de conceber a vida segundo Buda. Não há um significado último ou sentido último da vida, há somente a própria vida. O senhor, Padre Anselm, falou de ser consciente. É assim que cresce felicidade interior para mim a partir do ser. Simplesmente sermos nós mesmos, realizarmos nosso ser esclarecido que vive conscientemente a vida com seus respectivos altos e baixos: Este é o fundamento da existência que traz realização, que independe inteiramente de onde quer que nossos pontos fortes e fracos possam se situar. Naturalmente, religiões e correntes filosóficas distintas têm diferentes designações para o conceito "realização". Quando falam de "esclarecimento sustentável", "vida orientada para um fim", "potencial maximizado", "bem supremo", "entrega" ou "vida satisfeita num pequeno quarto", a essência do enunciado tem o seguinte teor: O próprio ser é precioso e não o ser rico, o ser poderoso ou o ser o primeiro.

Segundo a doutrina oriental, poder-se-ia dizer que se é levado pelo fluxo da vida. Logo que assumimos a responsabilidade de seguir o Tao ou o caminho da vida – ou, expresso em termos ocidentais, de viver uma vida equilibrada –, muitas coisas se clareiam e se simplificam. A consequência disso é mais alegria na vida.

Padre Anselm, falamos muito sobre Deus e dinheiro. Creio que podemos colocar ambos entre parêntesis quando invocamos a nossa consciência como instância máxima em nosso ser consciente que nos ajuda a avaliar corretamente. O filósofo alemão Ludger Honnefelder expressou isso da seguinte forma: Sem uma orientação ética a consciência fica "vazia", sem responsabilidade a consciência é cega.

ANSELM GRÜN • Deus e dinheiro estão originalmente interligados. Dinheiro é originalmente o sacrifício que se oferece a Deus, o pagamento cúltico que se deve a Deus. A consciência nos revela se lidamos corretamente com o dinheiro, se o colocamos no lugar de Deus ou se Deus está no centro e o dinheiro apenas serve para regular bem a vida. O senhor chama a consciência de a instância máxima de nosso ser consciente. A partir da acepção grega – *syneidesis*, portanto "saber com", "saber junto" – a consciência significa a testemunha divina que, em nós, garante que correspondamos a nossa verdadeira essência e a Deus.

Deus e dinheiro estão correlacionados exatamente como também Deus e a consciência. Ouvimos a voz de Deus na consciência. Quando o nexo interior entre os três conceitos – "Deus", "dinheiro", "consciência" – se desintegra, o dinheiro se coloca no lugar de Deus. "O dinheiro governa o mundo" se torna então a máxima do pensamento e do agir humano. Deus se torna ídolo, que é adorado e atrai sobre si todas as energias humanas. Ele se torna o único valor que ainda tem validade para o ser humano. Porém, quando o ser humano negligencia os valores que distinguem seu ser humano, e que a filosofia grega e a teologia cristã desenvolveram como expressão da dignidade humana, e ele vê como único valor o dinheiro, nesse caso também o dinheiro perde o valor. É o que nos mostrou claramente a crise financeira. Quando tudo aquilo que constitui um valor em nossa vida é projetado no dinheiro, nossa vida perde o valor.

Por outro lado, no entanto, também a religião não deve ser transformada num fim em si mesma. No entanto, quando as pessoas que trabalham numa empresa se deixam inspirar pela religião, ela também estimula o convívio. Nesse caso, não se avalia os funcionários apenas pelo seu desempenho, mas se percebe seu carisma. E o carisma de uma pessoa inspirada é mais positivo do que o de uma pessoa que, como uma galinha, apenas cata os grãos no solo. Na Antiguidade, o "catador de grãos" era um palavrão. Os filósofos estoicos insultavam Paulo depois de seu discurso no areópago com as palavras: "O que está querendo dizer este tagarela?" (At 17,18). Eles achavam que ele apenas leria alguma coisa conhecida, não teria, porém, uma visão, uma ideia sensacional.

Assim, o ser humano precisa das asas da religião para se erguer além da "borda do prato" da empresa – no que, naturalmente, o olhar para a globalização e para o futuro do cosmo também já é, desse modo, um olhar para o espaço aberto.

JOCHEN ZEITZ • Todos nós repetidamente devemos olhar e pensar para além da borda do prato para reconhecer que o *business as usual* pertence ao passado. Nesse caso também paramos de olhar exclusivamente para o mundo microscópico da nossa empresa, e, em troca, instalamos o macroscópio para perceber o quadro geral holístico.

A ciência nos ensina que, no final das contas, tudo é um todo interligado, como o universo. Além disso, a maioria das religiões ensina que já existe o ser-um. É somente a consciência humana fragmentada que projeta separação ao estado do planeta. Nós, seres humanos, temos de ampliar nossas perspectivas e tentar entender enquanto tal o nosso mundo global e entrelaçado. Isso diz respeito tanto ao nosso mundo exterior como ao nosso mundo interior.

A próxima geração tem uma enorme tarefa para levar a cabo, mas quantas gerações antes de nós também não tiveram de vivenciar e fazer frente a desafios ainda maiores? Se tivermos nosso coração no lugar certo, se conscientemente, de boa consciência, tivermos uma atitude aberta no que diz respeito às nossas próprias deficiências e falhas, então poderemos ver o presente de modo realista e o futuro de modo positivo.

Creio que do mau ou do ruim pode surgir algo bom se conservarmos firmemente em nosso coração nossa visão pessoal de um mundo melhor. O cinismo, que muitas vezes é visto como parte de nossa cultura, somente provoca estagnação. Inveja e desespero são uma estrada de mão única e não levam a lugar algum. Mas se formos otimistas e acreditarmos em nossas capacidades e possibilidades, poderemos mover montanhas, contribuir para uma mudança positiva no mundo e salvar o planeta. Quase nunca vi um cínico ou pessimista que tivesse contribuído de maneira fundamental para mudar o mundo para melhor. Até onde posso divisá-lo, os grandes movimentos que provocaram mudanças começaram, na maioria das vezes, com a atitude oposta, a saber, com a força causal do "positivo", do "*power*" e do "potencial".

A vida é uma viagem emocionante, e depende de cada um de nós torná-la uma bela viagem e, nesse caso, olhar a realidade firmemente nos olhos. O senhor, Padre Anselm, disse: Quando trazemos em nós imagens boas e positivas e vemos a natureza com nossos olhos espirituais, podemos confiar que trazemos em nós imagens divinas com a visão que, como o senhor disse, Deus tem de nosso cosmo.

ANSELM GRÜN • Sim, precisamos de boas imagens em nós. E, segundo Platão, as boas imagens correspondem à imagem que Deus fez de cada um de nós e de nosso cosmo. Nós nos tornamos bênção para este mundo quando correspondemos a nossa própria imagem essencial e quando lidamos com o mundo da maneira que Deus o imaginou. Certamente, Deus tinha em mente a imagem de um jardim florescente que os seres humanos cuidam e cultivam e com cujos frutos eles se alegram. Porém, eles apenas podem se alegrar com eles se não explorarem o jardim. Se, com essa imagem que a Bíblia nos oferece, nos ocuparmos com a tarefa de lidar com o mundo e de conduzir nossas empresas, poderemos caminhar para o futuro cheios de esperança.

Vejo esta questão de modo semelhante, senhor Zeitz: É claro que posso me fixar em todos os desenvolvimentos negativos em nosso mundo, no terrorismo, na criminalidade organizada, nos ávidos tubarões financeiros que podem especular contra toda uma economia nacional. Mas, apesar de tudo, olho também com fé e esperança para o mundo. A esperança – assim diz Paulo – espera por aquilo que não vê. Muitas vezes não vemos o bem naquelas pessoas que apenas buscam o dinheiro. Porém, não permito que a fé e a esperança me deixem chateado. Confio que em cada pessoa se encontra o anseio pelo bem. E considero minha tarefa abordar e despertar esse anseio.

Creio que o anseio pelo bem é mais forte que a mania de destruir tudo. Quem destrói, fere a si mesmo. Ele vê só na violência um caminho para se esquivar de sua própria catastrófica disposição interior. Mas eu conheço bastantes pessoas saudáveis e motivadas. Recentemente, proferi uma palestra para estudantes de uma faculdade de economia. Ali olhei para tantos olhos tão engajados, para tantos rostos tão cheios de esperança. É o que me faz continuar a acreditar que essas pessoas moldarão o mundo de maneira mais humana.

Senhor Zeitz, o senhor e eu somos determinados da mesma forma por essa esperança. Vemos o mundo de forma realista, mas nos recusamos a olhá-lo com um óculos escuro sobre o nariz. Vemo-lo com o óculos da confiança e da esperança. Confiamos que, com nossa perspectiva de esperança, também contagiamos os leitores e as leitoras. Não temos uma receita para solucionar os problemas de nosso mundo, mas acreditamos que, com nossas ideias, abordamos o anseio por uma outra cultura da atividade econômica – sustentável, justa, leal, social e, por fim, atraente e criativa – e encorajamos as pessoas a confiar nesse anseio. Confiamos que – para falar na linguagem do filósofo Ernst Bloch – não só despertamos esperança nas pessoas, mas também tecemos a esperança mundo adentro, para que ele possa ser para nós, a longo prazo, um espaço mais habitável e afável.

AGRADECIMENTOS

Um vez li uma dedicatória singular num livro. Tinha o seguinte teor: "Para meus três filhos pequenos, sem os quais eu já teria concluído este livro há três anos". No meu caso, a situação é a seguinte: Sem a colaboração de muitas pessoas, é certo que eu concluiria minha contribuição para o livro só daqui a dois anos.

Escrever um livro ou só a metade de um livro, como fiz, não é uma tarefa fácil para um leigo como eu. Admiro os que conseguem elaborar com facilidade vários volumes de obras excepcionais. Para mim, a elaboração foi uma experiência extremamente interessante, mas também extenuante, pois foi a primeira vez que, desde meus estudos acadêmicos, novamente peguei "a pena". Além disso, precisei escrever em muitos locais diferentes e sobretudo cumprir ao mesmo tempo os meus compromissos profissionais permanentes.

Gostaria de aproveitar a oportunidade e agradecer àqueles que, direta e indiretamente, participaram na elaboração deste livro. Este livro bem como meu trabalho de muitos anos como executivo na Puma não teriam sido possíveis sem o inestimável apoio, o trabalho em equipe e o conhecimento das seguintes pessoas.

Antes de tudo, agradeço de coração ao Padre Anselm pela realização conjunta deste projeto compartilhado. Agradeço também ao Abade Michael e aos monges que, durante minha estadia e minhas inúmeras visitas ao mosteiro, encontraram tempo para conversas, e sobretudo também ao Padre Maurício com suas diversas sugestões como diretor da editora.

Meu orientador americano, o Professor Tom Cooper do Emerson College, em Boston, me forneceu vislumbres valiosos, dados e informações adicionais em várias áreas. Nossas orientadoras alemãs, Claudia Reischauer e Marlene Fritsch, fizeram algumas sugestões crítico-positivas.

Dirijo meu agradecimento muito pessoal a Andrea Brenninkmeyer, que desenvolve em seu meio um trabalho extraordinário em importantes projetos sociais e que motiva muitas pessoas. Ela foi uma fonte de inspiração para mim.

O Dr. Ulf Santjer, diretor de comunicação empresarial da Puma, também forneceu um apoio valioso.

Agradeço aos que me permitiram administrar a empresa nos últimos 17 anos. O conselho administrativo da empresa sempre me apoiou, especialmente François-Henri Pinault, presidente desde 2007, bem como Thore Ohlsson, como seu vice, que me tornou diretor-geral da Puma em 1993. Aprecio muito o apoio que venho recebendo há duas décadas dos funcionários e funcionárias, colegas anteriores e novos na administração da Puma, que mostram iniciativa, espírito de equipe e enorme engajamento. De maneira alguma gostaria de esquecer de meu antigo colega de diretoria, aliado e amigo particular Martin Gänsler, que foi o primeiro na empresa a abordar questões ecológicas e a expressar considerações sobre o tema. Ele foi o primeiro a cuidar do tema "sustentabilidade".

Minha gratidão, por fim, aos meus pais que me possibilitaram ser o ser humano que hoje sou. Nenhuma palavra de gratidão é suficiente pelas décadas de apoio amoroso e de compreensão.

Também as pessoas não citadas que deram sua contribuição saibam que eu as estimo. Diferentemente do autor cujo livro teria ficado pronto três anos antes sem os seus três filhos, eu, sem o auxílio de cada um de vocês, certamente hoje ainda estaria escrevendo... Muito obrigado!

Jochen Zeitz

Também eu quero me somar ao agradecimento. Agradeço a Jochen Zeitz por ter dedicado tanto tempo e engajamento ao nosso projeto conjunto. Além disso, quero agradecer-lhe pela hospitalidade e abertura com que ele me introduziu na empresa e na filosofia empresarial da Puma. Ela me estimulou a refletir sobre nossa própria atividade econômica.

Agradeço a meus irmãos e funcionários na administração e nas fábricas, com os quais caminho conjuntamente há 34 anos. A eles eu devo agradecer por encontrar o tempo suficiente para escrever livros e fazer conferências, pois posso confiar-lhes a realização de meus afazeres no trabalho, ainda que eu não esteja presente.

E agradeço, naturalmente, aos meus pais que me ofereceram uma confiança fundamental, de modo que hoje, nas minhas tarefas administrativas, frequentemente posso lidar com confiança com os funcionários e as funcionárias e, por meio da confiança, despertar neles o prazer de trabalhar.

Anselm Grün

OBRAS DE *Anselm Grün*

O CÉU COMEÇA EM VOCÊ
A sabedoria dos padres do deserto para hoje

Uma bela exposição sobre a espiritualidade vivida pelos padres do deserto.

CADA PESSOA TEM UM ANJO

Vinte e quatro histórias bíblicas de anjos que vêm em socorro do ser humano apontando os melhores caminhos.

A ORAÇÃO COMO ENCONTRO

Um convite para meditar, refletir e pensar na profundidade da relação entre oração e encontro.

SE QUISER EXPERIMENTAR DEUS

Um estímulo a não nos darmos por satisfeitos unicamente com o crer em Deus, mas que procuremos no aqui e agora fazer a experiência de Deus.

A PROTEÇÃO DO SAGRADO

Uma reflexão profunda sobre o Sagrado, sua função hoje e onde pode ser encontrado.

CONVIVENDO COM O MAL

O livro fala dos métodos usados pelos monges antigos para conviver com o mal e para livrar-se do desgaste produzido por ele.

EU LHE DESEJO UM AMIGO

Uma bela exposição sobre o maior de todos os bens: a amizade.

ORAÇÃO E AUTOCONHECIMENTO

O livro mostra a oração como uma fonte de autoconhecimento.

ESPIRITUALIDADE A PARTIR DE SI MESMO

A espiritualidade que leva ao verdadeiro eu e a Deus.

O LIVRO DA ARTE DE VIVER

O livro mostra que a vida é uma verdadeira arte e que todos podem e devem aprender sobre ela para viver bem e feliz.

ATÉ NOS REVERMOS NO CÉU

O livro traz mensagens de fé e esperança para aqueles que perderam entes queridos.

ORAR E TRABALHAR

Um programa espiritual para o exercício do amor, da paciência, do desprendimento e do respeito no trabalho.